하루 한 꼭지 초등 세계사 2 중세~근대

글 정현경 | 그림 뭉선생 윤효식
감수 전국역사교사모임 세계사 분과

주니어김영사

이 책의 구성과 특징

간식단과 함께 가슴 뛰는 세계사 여행!

역사 ① 교과서를 충실히 반영했어요!

옛날 교과서가 아닌 지금 친구들이 학교에서 쓰는 역사 ① 교과서의 내용을 바탕으로 만들었어요. 최신 교과서의 새로운 내용을 빠뜨리지 않았어요.

단 세 권, 200꼭지면 세계사의 흐름이 잡혀요!

세계사의 핵심 주제를 단 세 권, 200꼭지로 구성했어요. 처음부터 읽으면 세계사의 흐름이 이해되고, 궁금한 주제가 있으면 사전처럼 골라 읽어도 돼요.

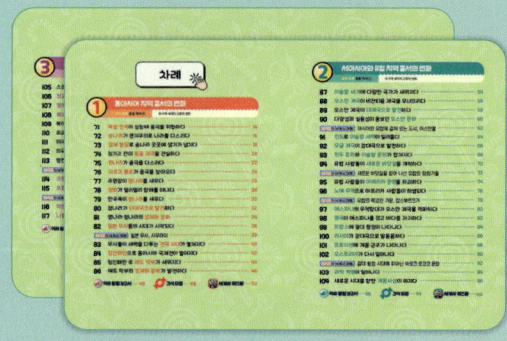

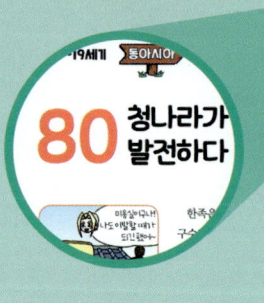

줄글 책이 이렇게 재미있을 줄이야!

인기 캐릭터 간식단과 함께 신나게
역사 탐험을 떠나 보아요.
옛날이야기 같이 재미있는 줄글에
4컷 만화와 삽화로 흥미를 더했어요.

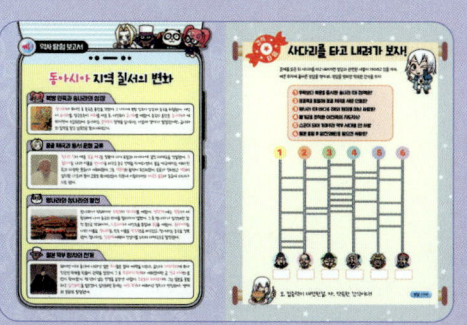

부모님도 선생님도 맘에 쏙 든 알찬 구성!

〈쏙쏙 퀴즈〉로 꼭지 내용을 점검하고,
〈간식단의 세계사 여행〉으로 재미를 더해요.
〈역사 탐험 보고서〉로 각 시대를 정리해요.
〈간식 타임〉에서 학습 내용을 확인하고
〈세계사 퀴즈왕〉에 도전해 봐요!

차례

1 동아시아 지역 질서의 변화
교과 연계 중등 역사 ①   Ⅲ 지역 세계의 교류와 변화

- **71** 북방 민족이 성장해 중국을 위협하다 ········· 14
- **72** 송나라가 문치주의로 나라를 다스리다 ········· 16
- **73** 경제 발달로 송나라 곳곳에 생기가 넘치다 ········· 18
- **74** 칭기즈 칸이 몽골 제국을 건설하다 ········· 20
- **75** 원나라가 중국을 다스리다 ········· 22
- **76** 마르코 폴로가 중국을 찾아오다 ········· 24
- **77** 주원장이 명나라를 세우다 ········· 26
- **78** 정화가 멀리멀리 항해를 떠나다 ········· 28
- **79** 만주족이 청나라를 세우다 ········· 30
- **80** 청나라가 대제국으로 발전하다 ········· 32
- **81** 명나라·청나라의 경제와 문화 ········· 34
- **82** 일본 무사들의 시대가 시작되다 ········· 36
- **간식단의 세계사 여행**   일본 무사, 사무라이 ········· 38
- **83** 무사들이 세력을 다투는 전국 시대가 펼쳐지다 ········· 40
- **84** 임진왜란으로 동아시아 국제전이 벌어지다 ········· 42
- **85** 임진왜란 후 에도 막부가 세워지다 ········· 44
- **86** 에도 막부의 경제와 문화가 발전하다 ········· 46

역사 탐험 보고서 ···· 48   간식 타임 ···· 49   세계사 퀴즈왕 ···· 50

서아시아와 유럽 지역 질서의 변화

교과 연계 중등 역사 ①   Ⅲ 지역 세계의 교류와 변화

87	이슬람 세계에 다양한 국가가 세워지다	54
88	오스만 제국이 비잔티움 제국을 무너뜨리다	56
89	오스만 제국이 대제국으로 발전하다	58
90	다양성과 실용성이 돋보인 오스만 문화	60
간식단의 세계사 여행	아시아와 유럽에 걸쳐 있는 도시, 이스탄불	62
91	인도로 이슬람 세력이 밀려들다	64
92	무굴 제국이 강대국으로 발전하다	66
93	힌두 문화와 이슬람 문화가 합쳐지다	68
94	유럽 사람들이 새로운 바닷길을 개척하다	70
간식단의 세계사 여행	새로운 바닷길을 찾아 나선 유럽의 탐험가들	72
95	유럽 사람들이 아메리카 문명을 파괴하다	74
96	노예 무역으로 아프리카 사람들이 희생되다	76
간식단의 세계사 여행	유럽의 막강한 가문, 합스부르크가	78
97	에스파냐의 무적함대가 오스만 제국을 격파하다	80
98	영국이 에스파냐를 꺾고 바다를 차지하다	82
99	프랑스에 절대 왕정이 나타나다	84
100	러시아가 강대국으로 발돋움하다	86
101	프로이센에 계몽 군주가 나타나다	88
102	오스트리아가 다시 일어나다	90
간식단의 세계사 여행	절대 왕정 시대에 피어난 바로크·로코코 문화	92
103	과학 혁명이 일어나다	94
104	새로운 시대를 향한 계몽사상이 퍼지다	96

🔊 역사 탐험 보고서 ···· 98   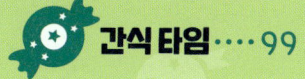 간식 타임 ···· 99   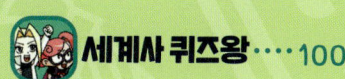 세계사 퀴즈왕 ···· 100

3 서양의 시민 혁명과 국민 국가 건설 운동

교과 연계 중등 역사 ①   Ⅳ 제국주의 침략과 국민 국가 건설 운동

- 105 스코틀랜드 출신 왕과 의회가 맞서다 ········· 104
- 106 청교도 혁명이 일어나다 ········· 106
- 107 명예혁명으로 입헌 군주정을 세우다 ········· 108
- 108 북아메리카에 식민지를 건설한 영국인들 ········· 110
- 109 북아메리카에서 독립 전쟁이 일어나다 ········· 112
- 110 최초의 민주 공화국인 미국이 탄생하다 ········· 114
- 111 미국의 영토가 서쪽으로 계속 확장되다 ········· 116
- 112 미국 남부에 흑인 노예들이 늘어나다 ········· 118
- 113 링컨이 남북 전쟁을 승리로 이끌다 ········· 120
- **간식단의 세계사 여행** 이민 온 사람들이 어우러진 나라, 미국 ········· 122
- 114 프랑스 사람들의 불만이 폭발하다 ········· 124
- 115 프랑스 혁명이 일어나다 ········· 126
- **간식단의 세계사 여행** 프랑스 혁명에 휩싸인 왕비, 마리 앙투아네트 ········· 128
- 116 혁명의 소용돌이 속에 혼란이 계속되다 ········· 130
- 117 나폴레옹이 프랑스 혁명의 막을 내리다 ········· 132

🔊 역사 탐험 보고서 ····· 134   🍬 간식 타임 ····· 135   세계사 퀴즈왕 ····· 136

4 서구의 민족주의 운동과 산업 혁명

교과 연계 중등 역사 ①   Ⅳ 제국주의 침략과 국민 국가 건설 운동

- **118** 자유주의와 민족주의가 퍼져 나가다 ······ 140
- **119** 프랑스에서 7월 혁명과 2월 혁명이 일어나다 ······ 142
- **간식단의 세계사 여행** 혁명 이후 혼란을 소설에 담아낸 빅토르 위고 ······ 144
- **120** 이탈리아가 하나의 왕국으로 통일되다 ······ 146
- **121** 프로이센을 중심으로 독일이 통일되다 ······ 148
- **122** 러시아가 개혁에 실패하다 ······ 150
- **123** 라틴 아메리카의 여러 나라가 독립하다 ······ 152
- **124** 영국에서 차티스트 운동이 일어나다 ······ 154
- **125** 산업 혁명이 일어나다 ······ 156
- **126** 놀라운 발명품이 쏟아져 나오다 ······ 158
- **127** 애덤 스미스가 자유 방임주의를 주장하다 ······ 160
- **간식단의 세계사 여행** 산업 사회의 뒷골목을 그려 낸 작가, 찰스 디킨스 ······ 162
- **128** 사회주의 사상이 등장하다 ······ 164
- **129** 19세기 유럽 예술에 변화가 나타나다 ······ 166
- **130** 유럽의 과학이 눈부시게 발전하다 ······ 168

🔊 역사 탐험 보고서 ····· 170   🍬 간식 타임 ····· 171   세계사 퀴즈왕 ····· 172

등장인물 소개

간식단 세상의 모든 간식을 먹고 싶어 하는, 밉지 않은 악당들이야. 다른 차원에서 온 시간 여행자의 부탁을 받고 세계사 속으로 탐험을 떠나게 돼.

조광윤

송나라를 건국한 황제야. 무력보다 학문을 중시한 문치주의 정책을 펼쳤어.

칭기즈 칸

몽골 부족의 지도자야. 정복 전쟁을 벌여 몽골 제국을 탄생시켰지.

정화

명나라 때 일곱 번의 해외 원정을 다녀온 사신이야. 희귀하고 값진 선물들을 가져왔어.

도요토미 히데요시

전국 시대 일본을 통일한 무사야. 일본 통일 후 조선에 쳐들어와 임진왜란을 일으켰지.

메흐메트 2세

오스만 제국의 술탄이야. 콘스탄티노폴리스 성벽을 무너뜨려 비잔티움 제국을 멸망시켰어.

샤자한

무굴 제국의 황제로, 먼저 세상을 떠난 아내를 기리기 위해 무덤 타지마할을 지었어.

루이 14세

프랑스의 왕이야. 으리으리한 베르사유 궁전을 지어 권력을 과시했어.

프리드리히 2세

계몽사상에 깊이 빠졌던 프로이센의 왕이야. 프로이센을 강대국으로 발전시켰지.

윌리엄과 메리

영국의 공동 왕이야. 이때부터 왕이 아닌 의회가 통치하는 입헌 군주정이 시작됐지.

조지 워싱턴

미국 독립 전쟁 때 총사령관으로 미국의 첫 번째 대통령이 되었어.

링컨

미국의 대통령이야. 노예제 폐지를 주장한 북부 지역 사람들의 지지를 받아 당선되었고, 남북 전쟁을 승리로 이끌었어.

나폴레옹

프랑스 혁명 이후 쿠데타를 일으켜 프랑스를 통치했어. 유럽 정복 전쟁을 벌였지.

프롤로그
각양각색의 문화권으로 출발~

얘들아, 어서 와. 같이 놀자~

애들아~ 오랜만이야! 다시 만나니 반갑네. 지난 역사 탐험은 재미있었어? 우리는 무척이나 즐거웠어. 세계 방방곡곡을 돌아보며 수많은 사람을 만나고, 재미난 일도 참 많이 겪었으니까 말이야. 게다가 맛있는 간식도 보상으로 챙길 수 있었고!

휴우~ 하지만 그만큼 피곤하고 힘도 들더라고. 세계 여행도 좋지만, 하루 정도는 집 앞 공원에서 느긋하게 쉬는 것도 좋잖아? 게다가 오늘은 날씨도 어찌나 좋은지! 그래서 우리는 공원으로 놀러 나왔어. 오늘 하루만큼은 실컷 놀다가 들어갈 거야. 잔디밭에 드러누워서 만화책을 보면서 맛보는 달콤한 딸기 케이크 맛이란~ 정말 천국이 따로 없는걸!

그런데 문제가 하나 있어. 바로 시간 여행자야. 우리가 이러고 있는 걸 알면 냉큼 찾아와서 다시 역사 탐험을 계속하라고 재촉할 게 뻔하거든. 우리는 까치발을 들고 집을 조용히 빠져나왔어. 핸드폰도 모조리 꺼 놨지. 아마도 우리가 여기 있는 줄은 절대 알 수 없을 거야.

으잉? 근데 공원 저쪽에 이상한 천막이 하나 보이네. 뭔가 재밌는 공연이라도 하는 것 같은데… 한번 가 볼까?

지상 최고의 쇼가 펼쳐진다

1 동아시아 지역 질서의 변화

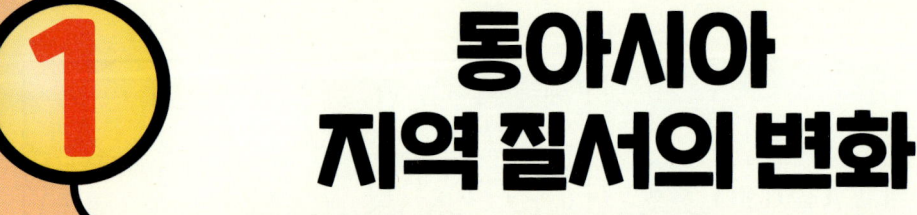

세계사 ON
- **960년** 조광윤, 송나라를 세우다
- **1185년** 가마쿠라 막부가 성립되다
- **1206년** 칭기즈 칸, 몽골 제국을 세우다
- **1368년** 주원장, 명나라를 세우다

한국사 ON
- **918년** 왕건, 고려를 세우다
- **1170년** 무신들이 난을 일으키다
- **1231년** 몽골이 고려를 침략하다
- **1356년** 공민왕, 원나라의 풍습을 금지하다

당이 멸망한 이후 중국 북방에서는 여러 유목 민족들이 각자의 나라를 세우고 힘을 겨뤘어. 중국에는 송나라가 세워졌지만 이내 북쪽에서 몽골 제국이 성장해 원나라를 세우고 중국까지 다스렸지. 이후 한족의 명나라, 만주족의 청나라가 차례로 들어섰어. 일본에서는 무사들이 권력을 잡는 막부 시대가 시작되었지. 하지만 잦은 권력 다툼으로 백 년이 넘게 전쟁이 이어졌어. 전국을 통일한 에도 막부 시대에는 정치가 안정되면서 경제와 문화가 발달할 수 있었어.

1467년 일본 전국 시대가 열리다

1592년 임진왜란이 발발하다

1603년 에도 막부가 성립되다

1616년 누르하치, 후금을 세우다

1392년 이성계, 조선을 세우다

1598년 임진왜란이 끝나다

1636년 병자호란이 일어나다

10~12세기  동아시아

71 북방 민족이 성장해 중국을 위협하다

#북방 유목 민족
#거란(요) #연운 16주
#탕구트(서하) #여진(금)
#문명야만은중국기준일뿐

당나라에서는 *절도사들이 지방을 다스렸을 뿐 아니라 군대까지 지휘했어. 절도사의 세력이 점점 강해지면서 황제의 힘은 약해졌지. 875년 **황소**라는 사람이 농민들을 이끌고 반란을 일으켜 당나라는 급격히 쇠퇴했고, 결국 907년 멸망하고 말았어.

당나라가 멸망하자 중국에는 약 50년 동안 다섯 왕조가 차례로 들어섰어. 남부 지역에는 나라가 열 개나 세워질 만큼 정치적으로 혼란스러웠지. 이 다섯 왕조와 열 개의 나라를 합쳐 5대 10국이라고 해.

"오래가는 나라가 없네. 툭하면 무너지니 너무 불안해."

한편 중국이 어수선한 동안에 북쪽에서는 여러 *유목 민족이 성장하고 있었어. 그중 하나가 **거란**이야. 거란은 여덟 부족으로 나뉘어 있었는데, 야율아보기라는 사람이 부족을 하나로 합쳐 **요나라**를 세

14

웠지. 요나라는 동에 번쩍, 서에 번쩍, 전쟁을 거듭해 영토를 늘렸어. 이때 발해도 무너뜨렸지.

뒤이어 요나라는 중국에 세워진 다섯 왕조의 싸움에 끼어들었어. 그 결과 후당이 무너지고 후진이 세워졌지.

"요나라가 군사를 보내 도왔으니 ★보답을 두둑이 하시오."

요나라는 후진의 건국을 도운 대가로 만리장성 남쪽 땅까지 얻었어. 그 지역은 오늘날의 베이징을 포함한 '연운 16주'야. 요나라는 갈수록 세력이 커져 꽤 넓은 땅을 다스리게 되었지.

요나라 서쪽에는 티베트계 유목 민족인 탕구트족이 살고 있었어. 이들도 부족들을 합쳐 서하라는 나라를 세웠지. 서하는 동서 무역로인 실크 로드를 통한 동서 무역으로 쏠쏠한 이익을 챙겼어. 요나라 동쪽에는 여진족이 살았는데, 아구타라는 사람이 부족들을 모아 금나라를 세웠어. 금나라는 송나라와 손을 잡고 요나라를 무너뜨렸지. 이후 중국의 송나라까지 남쪽으로 쫓아낼 만큼 위세가 등등해졌어.

"중국 북부는 이제 우리 땅이다!"

10~12세기에는 이렇게 북방 유목 민족들이 국가를 세우고 발전해 갔어. 이 국가들은 중국이나 고려에 결코 꿀리지 않는 어엿한 국가들이었지. 저마다 문자를 만들었고, 군주들은 중국 황제를 따라 스스로 황제라 불렀어.

낱말 체크

★ **절도사** 당나라 때 국경 부근을 다스리고 군대를 거느리던 관리.

★ **유목 민족** 가축을 키우는 것을 직업으로 삼아 물과 풀을 따라 옮겨 다니며 사는 민족.

★ **보답** 남의 호의나 은혜를 갚음.

연운 16주

만리장성 남쪽에 있는 16개의 주로, 그중 대표격인 연주(지금의 베이징)와 운주(지금의 다퉁)의 이름을 따서 연운 16주라 불러. 북방 민족과 중국 사이에 있어 군사적으로 매우 중요한 지역이었지. 연운 16주는 936년에 후진을 세운 석경당이 군사적 도움을 받는 대가로 요나라에 넘겨줬어.

▶ 북방 민족의 고유 문자 ▼

요와 금, 서하는 중국의 북부 지역을 다스렸는데, 각각 자기 민족 고유의 문자를 만들어 사용했어. 중국의 문화를 받아들이면서도 한편으로는 자신들 고유의 문화를 지키려고 했기 때문이야. 이들은 자신들의 문자로 역사책을 만들거나 한문 서적을 자신들의 문자로 바꾸면서 고유 문자를 활용하려고 노력했어.

거란 문자   여진 문자   서하 문자

쏙쏙 퀴즈 맞으면 O, 틀리면 X

1 거란은 세력을 확장하면서 발해도 멸망시켰다. ☐

2 금나라는 영토를 확장하면서 송나라를 남쪽으로 쫓아냈다. ☐

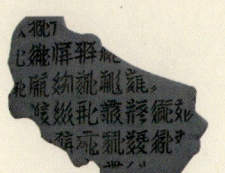

10~12세기 동아시아

72 송나라가 문치주의로 나라를 다스리다

#송나라 #문치주의
#사대부 성장
#왕안석의 개혁
#문(文)과무(武)는고르게갖춰야

중국의 혼란은 **송나라**가 세워지면서 간신히 *수습되었어. 송나라를 세운 송 태조, **조광윤**은 중앙 군대의 총사령관을 맡았던 사람이야. 그래서 군대의 힘이 얼마나 무서운지 알고 있었지.

"절도사들이 멋대로 군대를 지휘하면 나라가 혼란에 빠질 수 있다."

송 태조는 절도사들을 모두 중앙 정부의 감독 아래에 두고, 황제의 군대를 강화했어. 그리고 국방을 책임지는 무신들보다 글공부를 많이 한 문신들의 말에 귀를 기울였지. 이렇게 무력보다 학문을 중시한 정책을 **문치주의**라고 해.

문치주의 정책에 따라 태조는 과거제 개혁을 밀어붙였어. 유교 경전을 열심히 공부해 과거 시험에 합격해야만 높은 관직에 오를 수

있게 한 거야. 과거 시험은 여러 단계로 치렀는데, 심지어 마지막 시험은 황제가 직접 감독했지. 그러자 송나라 사람들은 출세를 위해 너도나도 유교 경전을 공부하며 과거 시험 준비에 매달렸어.

"읽어야 할 책도, 외워야 할 구절도 너무 많구나."

그 결과 과거 시험에 합격한, 유교 지식에 빠삭한 사람들이 송나라를 이끌어 가게 되었어. 이렇게 등장한 지배층을 사대부라고 해.

사대부들이 이끄는 가운데 송나라는 정치의 안정을 이룰 수 있었어. 그러나 강력한 문치주의 때문에 군사력은 여지없이 약해졌지. 송나라는 북방 민족이 세운 요나라와 서하의 위협에 쩔쩔맸어. 그래서 전쟁이 제발 일어나지 않기만을 바라며 북방 민족들에게 해마다 은이나 비단과 같은 물건을 잔뜩 보내 주며 달랬지.

하지만 북방 민족에게 보내는 많은 물건은 송나라에 엄청난 부담이었어. 백성들은 늘어난 세금과 치솟는 물가에 한숨만 푹푹 쉬었지. 이때 왕안석이라는 뛰어난 학자가 개혁에 나섰어.

"나라의 ★재정 수입을 늘리고 ★부국강병을 이루겠어!"

그는 문치주의로 약해진 군사력을 다시 강화하고, 세금과 높은 물가로 고통받는 농민과 중소 상인의 부담을 덜어 주는 정책을 펼쳤어. 하지만 이러한 정책 때문에 수입이 줄어든 ★지주와 대상인, 관리들의 반발로 개혁은 실패로 끝나고 말았지. 그 후 송나라는 금나라에게 중국 북부를 빼앗기고 남쪽으로 쫓겨 갔어. 이때부터를 남송이라고 해.

낱말 체크

★ 수습 어수선한 사태를 거두어 바로잡음.
★ 재정 국가의 경제 상태.
★ 부국강병 나라를 부유하게 만들고 군대를 강하게 함.
★ 지주 땅을 가진 사람.

소동파가 만든 요리, 동파육

소동파는 송나라 최고의 시인이자, 백성들을 사랑하는 관리이기도 했어. 그는 백성들로부터 받은 돼지고기를 큰 솥에 삶아 요리해 사람들에게 나눠 주었는데, 이게 바로 그 유명한 중국 요리인 동파육이야.

쏙쏙 퀴즈 맞는 것 고르기

1 힘보다 학문을 중시하는 정책을 (문치주의/참치주의)라 한다.

2 송나라의 재정 수입을 늘리고 부국강병을 위해 (조광윤/왕안석)이 개혁을 실시하였다.

▶ 송나라의 과거 시험 ▼

송나라에서는 과거 시험 점수를 매길 때 답안지에 적힌 수험생의 이름을 가리고, 아예 다른 종이에 옮겨 채점하기도 했어. 합격자를 공정하게 뽑기 위해 여러 노력을 기울인 거야. 황제가 마지막 시험을 감독하면서 황제에 대한 관리들의 충성심도 높아졌지.

과거 시험을 감독하는 황제의 모습

10~12세기  동아시아

73 경제 발달로 송나라 곳곳에 생기가 넘치다

#송나라 #경제 성장
#서민 문화 발달
#3대 발명품
#화약과나침반_세계를바꿈

송나라는 비록 군사력은 약했지만, 풍요로운 나라였어. 무엇보다 이전보다 **쌀 생산량**이 놀랄 만큼 늘어났지. 질척대던 땅에 농사를 지을 수 있게 되었고, 가뭄에 잘 버티는 벼가 재배되었기 때문이야.

"우리 식구가 먹고도 남겠어. 시장에 내다 팔자."

농민들은 쌀뿐 아니라 차, ★사탕수수, 면화 같은 농작물도 재배해서 팔았어. 도자기를 빚거나 비단, 강철을 만드는 사람들의 손놀림도 바빠졌지. 이렇게 농업과 수공업이 활기를 띠면서 **상업**이 눈부시게 발전했어.

시장이 북적대는 가운데 거래가 늘어나자, 자연스럽게 동전을 쓰는 사람도 많아졌어. 그러자 송나라 정부는 무거운 금속 대신 종이로 돈을 만들기 시작했지. 세계 최초로 **지폐**가 사용된 거야.

송나라는 다른 나라들과의 무역도 활발히 했어. 송나라 상인들은 거대하고도 튼튼한 배를 타고, 나침반으로 방향을 이리저리 찾으며 바다로 멀리멀리 나아갔어. 고려의 무역항인 벽란도에도 다녀갔지.

여러 나라의 상인들도 송나라에 자주 드나들었어. 무역을 통해 송나라는 비단, 도자기, 차, 책 등을 수출하고, 고려의 인삼과 종이, 일본의 유황, 인도의 후추 등을 수입했지.

이렇게 상업과 무역이 발달하면서 경제가 성장하자 송나라 곳곳은 생기가 넘쳤어. 살림살이가 넉넉한 *서민들도 늘어났지. 이들은 시간이 날 때면 공연장을 찾아가 아슬아슬한 줄타기와 사람 눈을 감쪽같이 속이는 요술, 동물들의 묘기를 보며 *오락 생활을 즐겼어. 글을 배워 재미난 책도 즐기면서 문학도 발전했지.

송나라의 활기찬 분위기는 창의적인 아이디어를 북돋았어. 늙지 않고 오래 살게 하는 약을 만들려던 사람들은 실험 중에 우연히 '팡!' 하고 터지는 **화약**을 발명했지.

이외에도 찰흙으로 활자를 만들어 판 위에 늘어놓고 문서를 대량으로 찍는 **활판 인쇄술**이 시작되면서 책이 많이 출판되었어. 남쪽과 북쪽을 알 수 있는 도구인 **나침반**도 발명되면서 항해도 전보다 쉬워졌지. 이러한 중국의 발명품은 세계로 퍼져 나가 문화의 발전과 교류에 큰 영향을 끼쳤어.

낱말 체크

★ **사탕수수** 줄기에서 즙을 짜서 설탕을 만드는 식물.

★ **서민** 벼슬이나 특권이 없는 일반 사람.

★ **오락** 쉬는 시간에 여러 가지 방법으로 기분을 즐겁게 하는 일.

송나라의 청자

우리나라의 고려청자도 유명하지만, 도자기를 처음 만든 나라는 중국이야. 도자기 중에서도 청자, 백자 같은 자기는 17세기 전까지 중국과 우리나라밖에 만들지 못했어. 고령토라는 흙을 구하고, 가마에 불을 때서 높은 온도를 유지하기가 어려웠기 때문이야. 아래 송나라에서 만든 청자에는 불교의 덩굴무늬가 새겨져 있어.

▶ **중국에서 인쇄술이 널리 쓰이지 못한 이유** ▼

중국과 우리나라는 책이 한자로 되어 있어서 엄청나게 많은 활자가 필요했어. 활자를 판 위에 단단히 고정하기도 어려웠지. 그래서 책을 많이 찍을 때는 목판으로 인쇄하고, 적게 찍을 때만 활자로 인쇄했어. 반면 26자의 알파벳을 사용하는 서양에서는 상대적으로 활자를 만들기가 쉬웠어. 그래서 아시아보다 인쇄술이 발명된 시기는 늦었지만, 인쇄술이 퍼져 나가는 속도는 훨씬 빨랐던 거야.

맞는 것 고르기

1 송나라 때에는 세계 최초로 (가상 화폐/**종이 화폐**)를 만들어 사용하였다.

2 (**나침반**/청자)의 발명으로 항해가 전보다 쉬워졌다.

13세기 동아시아

74 칭기즈 칸이 몽골 제국을 건설하다

#몽골 제국
#테무친 #칭기즈 칸
#천호제 #정복 전쟁
#전무후무대제국의시작

내 이름은 테무친. 나는 몽골 부족장의 아이로 태어났지.
쇠기둥같이 튼튼한 남자 아이로군!

하지만 아버지는 독살당했고, 나는 어린 나이에 부족에서 쫓겨나고 말았어.

먹을 게 없어 풀뿌리를 씹었고, 밤이면 늑대가 무서워 벌벌 떠는 어린 시절을 보냈지만….

나는 모든 어려움을 이겨냈다. 이제 나는 몽골의 지배자, 칭기즈 칸이다!

금나라는 한동안 중국 북부를 주름잡았어. 그런데 더 북쪽의 몽골 초원에서 새로운 세력이 일어났지. 몽골의 여러 부족이 힘을 모아 나라를 세운 거야. 그들을 이끈 사람은 **테무친**이었어. 테무친은 몽골어로 '가장 좋은 쇠로 만든 사람'을 뜻해. 이름 그대로, 테무친은 쇠처럼 강인한 의지로 숱한 고난을 이겨 내고 강력한 지도자가 되었어.

"아무리 막막한 순간도 나는 이겨 냈다. 이제 몽골의 단결된 힘을 보여 줄 때다!"

테무친은 주변 부족들을 모조리 무릎 꿇린 후, **칭기즈 칸**으로 ★추대되었어. 칭기즈 칸은 '위대한 군주'라는 뜻이야. **몽골 제국**이 탄생하는 순간이었지.

그렇게 나라를 세운 후 칭기즈 칸은 가장 먼저 **천호제**를 만들었어.

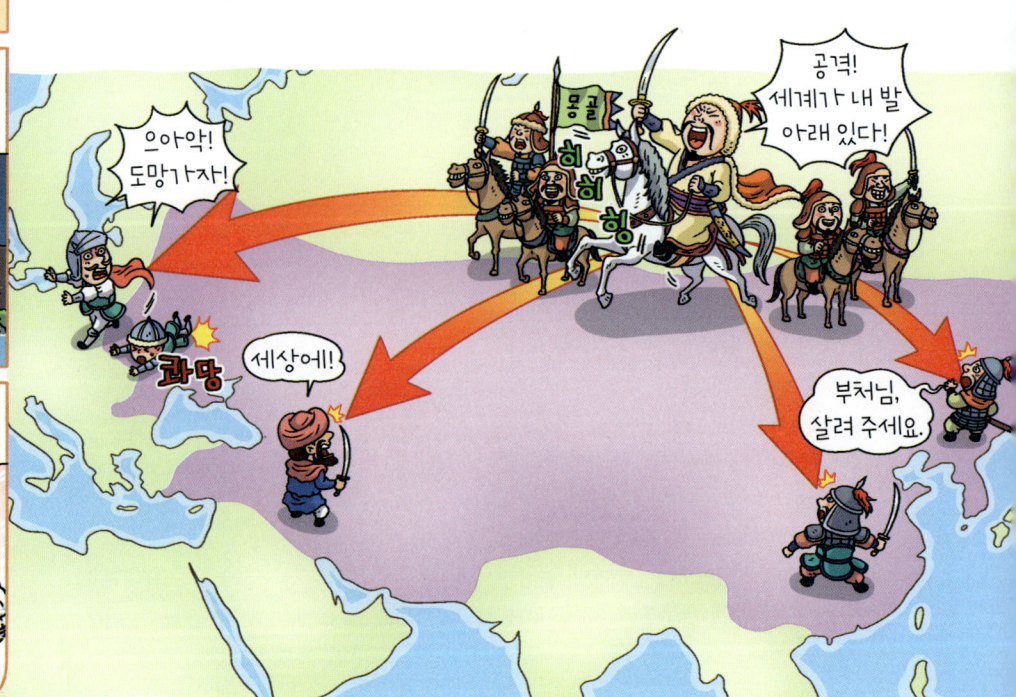

몽골 사람들은 원래 여러 부족으로 나뉘어서 관리가 어려웠는데, 칭기즈 칸은 모든 부족민을 천 명 단위로 나누어 우두머리를 두고, 그 아래로 백 명, 다시 백 명 아래 열 명을 지휘하는 우두머리를 두어서 책임지고 관리하게 한 거야.

"이렇게 하면 백성들이 더는 분열하지 않고, 군대도 신속히 ★동원될 것이다."

천호제를 기반으로 조직된 부족인들은 용감무쌍한 몽골의 전사들이 되었어. 이들은 활쏘기와 말타기에 ★능수능란했지. 냅다 달리는 말 위에서 사방 어디로든 화살을 날렸고, 말이 지치면 재빨리 다른 말로 갈아탔어.

이렇게 세계 최강의 군대를 거느린 칭기즈 칸은 **정복 전쟁**에 나섰어. 남쪽의 서하와 금나라를 공격한 후, 서쪽으로 가서 이슬람 국가인 호라즘 왕국을 정복했지.

"미리 항복하지 않으면 완전히 짓밟아 줄 것이다."

몽골의 공격으로 중앙아시아 곳곳은 순식간에 폐허로 변했어. 드넓은 초원의 여러 나라는 이제 칭기즈 칸과 몽골이라는 이름만 들어도 벌벌 떨었지. 칭기즈 칸이 세운 몽골 제국은 아시아 북부의 대초원을 지배하는 강력한 나라가 되었어. 그런데 칭기즈 칸은 이렇게 초원을 지배하는 데에 만족했지만, 칭기즈 칸이 죽은 후 그의 후손들은 초원 너머 중국과 서아시아까지 점령했지. 그리하여 몽골 제국은 인류 역사상 전무후무한 대제국으로 성장했어.

낱말 체크

★ **추대되다** 윗사람으로 떠받들어지다.

★ **동원하다** 어떤 목적을 달성하고자 사람을 모으다.

★ **능수능란하다** 익숙하고 솜씨가 좋다.

칭기즈 칸

어린 나이에 아버지를 잃은 테무친은 아버지에게 물려받은 부족장 자리를 빼앗겼어. 정든 마을에서도 쫓겨나 목숨을 노리는 사람들을 피해 도망 다녀야 했지. 그러나 테무친은 나약해지려는 자신을 매번 일으켜 세워 마침내 위대한 군주, 칭기즈 칸이 되었어. "적은 밖이 아니라 내 안에 있었다."라는 말로 유명해.

▶ 말과 하나가 된 몽골 기병

몽골 기병은 한번 말을 타면 좀처럼 내려오지 않았어. 말이 풀을 뜯어 먹는 동안에도 그저 말안장에 앉아 있었어. 잠시도 전투태세를 늦추지 않은 거야. 그렇게 거의 한 몸처럼 붙어 다니다가 필요할 때는 말의 젖과 고기를 먹었어. 말의 핏줄에 구멍을 뚫어 피를 빨아 먹기도 했대.

잠시도 경계를 늦출 수 없지.

쏙쏙 퀴즈 맞으면 O, 틀리면 X

1 테무친은 훗날 칭기즈 칸이 되어 금나라를 다스렸다. ☐

2 몽골의 전사들은 말을 잘 타지 못했다. ☐

13~14세기 

75 원나라가 중국을 다스리다

#몽골 울루스
#쿠빌라이 #원나라
#색목인
#능력제일주의_중국인빼고!

거대한 몽골 제국을 탄생시킨 칭기즈 칸은 제국의 이름을 새로 짓지 않고 그냥 '**몽골 울루스**'라고 불렀어. '울루스'는 국가를 뜻해. 그런데 칭기즈 칸의 손자 **쿠빌라이**의 생각은 달랐어.

"중국인들이 부르기 쉬운 한자로 나라 이름을 다시 짓노라."

그렇게 나라 이름을 **원**으로 정한 뒤, 쿠빌라이는 남송을 정복했어. 이제 서하, 금나라, 남송으로 나뉘어 있던 중국은 모두 원나라가 지배하게 된 거야.

그런데 사실 원나라는 거대한 몽골 제국의 일부였어. 칭기즈 칸 사후 몽골 제국은 워낙 넓어서 군주 한 사람이 다스리지 못하고 그의 후손들이 지배하는 여러 나라로 나뉜 채 느슨하게 연결되어 있었거든. 몽골 제국은 영토가 엄청 넓은 만큼 민족도 다양하고, 그 수도 많았

어. 몽골인의 수는 전체 인구에 비하면 얼마 되지 않았지.

그렇다면 몽골 제국은 그 넓은 땅을 어떻게 다스렸을까? 몽골인들은 다양한 사람들과 손잡고, 능력 있는 사람이라면 누구든 관리로 ★채용했어.

"문서를 잘 다루고 나라 살림에 능숙한 사람을 뽑아라. ★위구르 사람 중에 인재가 많다고 들었다."

원나라에 협력한 사람들 가운데 몽골인도, 중국인도 아닌 사람들은 **색목인**이라 불렸어. 색목인은 '여러 종류의 사람들'이라는 뜻이야. 여러 유목민, 티베트 사람, 위구르 사람, 이슬람교도 등이 포함되었지.

또한 원나라는 각 지역의 고유한 풍습과 문화를 존중했기 때문에 모든 민족에게 통일된 법을 적용하지 않았어. 몽골인은 몽골의 법에 따랐고, 중국인은 중국의 법에 따랐고, 색목인은 각자 속한 집단의 법에 따랐지.

이렇게 원나라는 다른 민족들, 다양한 문화에 너그러웠지만, 중국인에게만은 경계심을 늦추지 않았어. 중국인은 수가 압도적으로 많은 데다, 남송이 멸망하는 그 순간까지도 맹렬히 저항했기 때문이야. 그래서 중국인들은 크게 차별받았어. 중국의 한족들은 집에 무기를 지닐 수 없었고, 과거에 급제하여 높은 관리가 되기도 무척이나 어려웠지. 그럼에도 쿠빌라이는 중국 문화에 관심이 많았고, 중국 지식인들의 의견에 귀를 기울이기도 했어.

★ **채용** 사람을 골라서 씀.

★ **위구르** 몽골 고원에서 일어나 지방으로 이주한 튀르크계 유목 민족.

조맹부의 〈작화추색도〉

남송에 조맹부라는 뛰어난 예술가가 있었어. 송나라 조광윤의 후손이지. 남송 멸망 후 그는 원나라가 재주 있는 선비들을 채용한다는 이야기를 듣고 쿠빌라이를 찾아갔어. 조맹부는 원나라의 관리로 일하면서 아름다운 그림과 글씨를 남겼지. 그의 대표작 〈작화추색도〉는 두 산의 다채로운 가을 풍경을 그린 것으로 유명해.

▶ 원나라에서 활약한 색목인 ▼

원나라를 다스린 몽골인은 중국인보다 색목인을 더 신뢰했어. 덕분에 색목인은 몽골인과 함께 행정, 국방 등을 책임지는 가장 높은 자리에도 오를 수 있었지. 위구르 사람은 재정과 문서, 행정에서, 티베트 사람들은 불교에서 활약하는 등 색목인들은 여러 분야에서 활동했어. 그 과정에서 이슬람 세계의 의학, 천문학 등의 지식도 전해졌지.

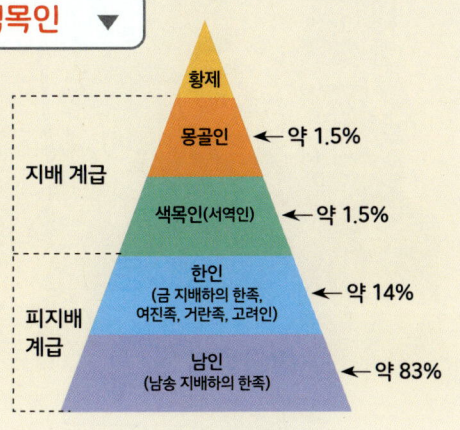

지배 계급
- 황제
- 몽골인 ← 약 1.5%
- 색목인(서역인) ← 약 1.5%

피지배 계급
- 한인 (금 지배하의 한족, 여진족, 거란족, 고려인) ← 약 14%
- 남인 (남송 지배하의 한족) ← 약 83%

쏙쏙 퀴즈 맞는 것 고르기

1 몽골의 (칭기즈 칸 / 쿠빌라이)은(는) 남송을 정복하고 중국을 통일하였다.

2 몽골인은 (중국인 / 색목인)을 신뢰하여 행정과 재정 등을 맡겼다.

13~14세기  동아시아

76 마르코 폴로가 중국을 찾아오다

#역참 #마르코 폴로
#《동방견문록》
#원나라에가면역참이있고♪
황금도있고♩후추도있고♪

몽골 제국이 전성기를 누리는 동안, 사람들의 이동은 한결 편해졌어. 하나의 큰 제국 아래에서 평화가 유지되었고, 길이 잘 닦여 있었기 때문이지.

몽골 제국의 교통로 중간중간에는 사람과 말이 쉴 수 있는 **역참**이 있었어. 통행증만 있으면 누구든 역참에서 말을 갈아탈 수 있었고, 음식과 잠자리가 *제공되었지. 교통로를 따라 여러 나라에서 온 상인과 여행자들이 오갔는데, 그중에는 유명한 **마르코 폴로**도 있었어.

마르코 폴로는 이탈리아의 항구 도시인 베네치아에서 상인의 아들로 태어났어. 어느 날 그는 아버지와 삼촌을 따라 중국으로 떠났어. 너무나 먼 길이었지만, 마르코 폴로의 마음은 몹시 설렜지. 마르코 폴

로는 사막의 모래바람을 뚫고, 땅에서 보글보글 솟는 석유도 보며 난생처음 접하는 여행길을 헤쳐 나갔어.

드디어 베이징에 도착한 마르코 폴로 일행은 쿠빌라이를 만났어. 이들은 원나라 관리로 일하며 17년 동안이나 중국에 머물렀지.

"자네는 관찰력이 뛰어나군. 우리 제국 곳곳을 살피고 알아낸 것을 낱낱이 보고하게."

쿠빌라이의 명령으로 마르코 폴로는 원나라를 구석구석 돌아볼 수 있었어. 하지만 시간이 너무 오래 지난 탓일까, 마르코 폴로는 고향으로 돌아가고 싶은 마음이 굴뚝같아졌어.

그러던 어느 날 기회가 찾아왔어. 외국으로 시집가는 원나라 공주에게 길을 안내한 뒤 고향으로 돌아가게 된 거야. 그런데 얼마 안 가 이탈리아 도시들 사이에 전쟁이 일어났어. 마르코 폴로는 포로로 잡혀 감옥에 갇히고 말았지. 그는 감옥에서 만난 친구에게 중국에 다녀온 이야기를 늘어놓았어.

"진귀한 물건이 잔뜩 쌓여 있었어. 황금으로 뒤덮인 곳도 있다니까!"

마르코 폴로의 이야기를 토대로 쓰여진 책이 바로 《동방견문록》이야. 마르코 폴로는 소문난 ★허풍쟁이였기 때문에 그의 이야기 중 어디까지가 사실인지는 알 수 없어. 하지만 《동방견문록》으로 유럽 사람들은 동방에 대한 호기심을 잔뜩 품게 되었지.

낱말 체크

★ **제공** 무엇을 내주거나 갖다 바침.

★ **허풍쟁이** 실제보다 지나치게 과장하여 말하는 사람.

역참 통행증

몽골 제국에서 사람들에게 자유로이 다니며 역참을 이용하도록 준 증서야. 페르시아 제국을 비롯해 역참이 설치된 나라는 많았지만, 원나라처럼 교통망이 넓고 역참 수가 많은 나라는 없었어.

▶ 몽골 제국 사신으로 유럽을 여행한 랍반 사우마

마르코 폴로 말고도 몽골 지배층의 요청에 따라 세계를 여행한 사람이 또 있어. 바로 랍반 사우마야. 당시 서아시아를 지배하고 있던 몽골의 아르군 칸은 이슬람 세력에 맞서고자 유럽에서 동맹 세력을 얻으려 했어. 그래서 크리스트교의 한 갈래인 네스토리우스교의 사제 랍반 사우마를 사신으로 유럽에 파견했지. 1287년 아르군 칸의 편지를 갖고 출발한 그는 비잔티움 제국의 황제, 로마 교황, 프랑스 왕 등을 만나고 돌아왔어.

쏙쏙 퀴즈  맞는 것 고르기

1 교통로 중간에 사람과 말이 쉴 수 있게 몽골 제국은 (역참 / 새참)을 만들었다.

2 《동방견문록》은 (랍반 사우마 / 마르코 폴로)의 이야기를 토대로 만들어진 여행기이다.

77 주원장이 명나라를 세우다

#홍건적 #주원장
#명나라 #홍무제
#육유 #이갑제
#6문장만외우셈_홍무제

원나라도 갈수록 정치가 혼란에 빠지면서 위기로 치달았어. 여기에 잦은 홍수와 가뭄까지 겹치자, 차별받던 한족이 들고일어났지.

"이대로는 못 살아. 몽골을 우리 땅에서 쫓아내자!"

이들은 머리에 붉은 두건을 두르고 있어서 **홍건적**이라고 불렸어. 홍건적 중에서도 ★두각을 나타내는 지도자, **주원장**이라는 사람이 있었지. 주원장은 어릴 적 부모를 잃고, 먹고살기가 막막해 절에 들어갔어. 이후 밥을 얻어먹고 다니다가 나라가 흉흉해지자 홍건적에 들어가 힘을 키웠지.

주원장은 원나라 군대를 북쪽으로 몰아내고 마침내 **명나라**를 세웠어. 이렇게 해서 유목민의 왕조가 물러나고, 한족의 왕조가 다시 중국에 들어섰지. 주원장은 명나라의 첫 황제, **홍무제**가 되었어. 그는

무엇보다 한족의 전통을 되살리는 데 힘썼어.

"온 백성이 유교의 가르침을 마음 깊이 새기고 실천해야 한다."

한족은 오래전부터 유교를 이념으로 나라를 다스려 왔어. 그래서 홍무제는 유교의 기본 이념을 담은 여섯 가지 교훈인 '육유(六諭)'를 만들어 백성에게 널리 알렸지. 그리고 과거제와 학교를 정비해 다시금 유교 지식을 갖춘 사람들을 관리로 뽑았어. 원나라가 중국을 다스리는 동안 과거제를 비롯해 유교 이념을 담은 제도가 거의 실시되지 않았거든.

나라를 안정시키려면 세금을 거두고 ★치안도 잘 유지해야 했어. 그래서 홍무제는 이갑제를 실시했지. 이갑제는 마을 사람들을 이끄는 부유한 집들에게 '이장'을 맡기고, 다시 그 아래에 '갑수'라는 책임자를 둔 제도야. 이장과 갑수가 자기 마을에서 세금을 걷고 치안을 지키는 일을 담당한 것이지.

그런데 홍무제는 의심이 많았어. 누군가 자신의 황제 자리를 넘볼까 늘 경계한 홍무제는 결국 함께 나라를 세운 공신들을 모조리 없앴어. 최고 관리인 재상도 없애 모든 권력을 틀어쥐었지. 너무 많은 신하가 처형되는 것을 지켜본 손자가 이를 걱정하자, 홍무제는 가시가 잔뜩 돋은 나뭇가지를 쥐어 보라며 이렇게 말했대.

"이걸 쥘 수 있겠느냐? 가시를 없애 다음 황제들에게 전해 주려는 것이다."

이러한 홍무제의 노력으로 명나라는 정치적으로 빠르게 안정될 수 있었어.

낱말 체크

★ **두각** 뛰어난 학식이나 재능을 비유적으로 이르는 말.

★ **치안** 편안하고 질서 있는 상태.

대머리를 싫어한 홍무제

홍무제는 황제가 되기 전 스님 노릇을 하며 밥을 얻어먹던 어린 시절을 떠올리기 싫어했어. 그래서 신하들이 올린 글에 승려나 승려의 깎은 머리를 떠오르게 하는 글자가 있으면 가차 없이 사형에 처했대.

> ▶ **명나라 사람들이 달달 외웠던 '육유'**
>
> 홍무제가 만든 육유는 ① 부모에게 효도하고, ② 어른을 공손히 대하며, ③ 이웃끼리 사이좋게 지내고, ④ 자손을 제대로 가르치며, ⑤ 각자 맡은 일에 힘쓰고, ⑥ 잘못된 일을 하지 않는 것이었어. 이러한 육유를 달달 외우며 명나라 사람들은 저절로 유교 사상에 길들여졌어.

쏙쏙 퀴즈 맞으면 O, 틀리면 X

1 주원장은 원나라를 몰아내고 명나라 황제가 되었다. ☐

2 홍무제는 불교의 가르침을 전파하기 위해 육유를 만들었다. ☐

78 정화가 멀리멀리 항해를 떠나다

#영락제
#정화의 원정
#나도해외여행
_아니원정가고싶다

중국은 예로부터 중국이 세상의 중심이라 여겼어. 따라서 주변 나라들이 중국을 섬기며 *조공하길 바랐지. 명나라도 마찬가지였어. 특히 명나라의 세 번째 황제인 **영락제**는 최대한 많은 나라로부터 조공을 받고 싶었지. 영락제는 조카의 자리를 빼앗아 황제가 됐기 때문에, 백성들 중에는 그를 비난하는 사람도 많았거든. 영락제는 여러 나라에게 조공을 받으며 자신이 훌륭한 군주임을 *과시하고 싶었던 거야.

영락제는 남쪽 바다로 대규모 함대를 보내기로 했어. **항해**의 총책임은 듬직한 신하, **정화**에게 맡겼지.

"명나라의 이름을 널리 떨치고, 조공하겠다는 약속을 받아 오게. 자네만 믿네."

정화는 이 일에 가장 적합한 사람이었어. 왜냐하면 그는 이슬람교도의 후손으로, 아버지가 메카로 *순례를 다녀왔거든. 그래서 정화도 머나먼 세계를 향한 꿈을 간직하고 있었지.

1405년, 드디어 첫 항해가 시작됐어. 60여 척의 큰 배와 2만 명이 넘는 사람들이 함께했지. 이때부터 정화는 무려 일곱 번이나 항해를 떠났고, 정화가 이끄는 원정대는 동남아시아, 인도양을 지나 동아프리카에까지 갔어.

"명나라 황제가 보내신 선물입니다. 앞으로 명나라에 조공하면 서로 많은 이득이 있을 것입니다."

정화는 가는 곳마다 명나라에서 만든 비단, 자기 등을 선물했어. 외국의 왕들은 명나라의 거대한 함대와 값진 선물에 눈이 휘둥그레졌지. 정화는 여러 나라의 보물과 향신료, 신기한 동물 등을 선물로 받아 올 수 있었어. 이러한 원정의 결과 명나라는 30개가 넘는 나라에서 조공을 받게 되었지.

당시 세계에서 중국처럼 대규모로, 멀리멀리 항해할 수 있는 나라는 하나도 없었어. 그만큼 명나라의 국력이 상당했고, 배 만드는 기술과 항해술이 발달했던 거야. 하지만 1433년, 정화가 마지막 항해에서 돌아오다가 세상을 떠나자 명나라는 이후 **해외 원정**을 그만두었어. 항해 때마다 너무 많은 돈이 들었기 때문이야. 명나라는 이제 항해보다 북쪽의 외적을 막고 백성들의 생활을 안정시키는 데 힘썼어.

★ **조공** 작은 나라가 큰 나라를 섬기며 선물을 바침.
★ **과시** 자랑하여 보임
★ **순례** 종교가 만들어지거나 종교적으로 중요한 곳에 찾아가 기도하거나 절함.

정화가 선물로 받아 온 기린

중국 전설 속의 기린은 사슴의 몸에 황소의 꼬리를 가진 신령스러운 동물이야. 중국 사람들은 훌륭한 황제가 다스릴 때 이런 동물이 나타난다고 믿었어. 정화가 외국에서 받아 온 선물 중에 목이 긴 기린이 있었는데, 이를 본 사람들은 전설 속 기린과 닮았다 생각했지.

▶ **자금성** ▼

자금성은 세계에서 가장 큰 궁궐이야. 영락제가 중국 베이징에 지은 후 여러 황제들이 이곳에 살았어. 신을 의미하는 숫자, 1만을 넘지 않도록 방을 9,999개 만들었다고 전해져. 오늘날에는 '고궁 박물원'으로 이름을 바꾸어 사람에게 공개하고 있다.

 맞는 것 고르기

1 명나라 영락제는 (장건/**정화**)을(를) 보내 대규모 해외 원정을 시켰다.

2 영락제가 지은 세계에서 가장 큰 궁궐은 (**자금성**/작은성)이다.

16~17세기 동아시아

79 만주족이 청나라를 세우다

#누르하치 #팔기군
#후금 #홍타이지
#청나라 #만주족
#다시한족대신만주족시대!

명나라는 16세기 말부터 막다른 상황에 내몰렸어. 황제들이 사치를 일삼고, 관리들이 권력 다툼에 눈이 벌게져 있는 동안 나라 살림이 엉망이 되었지. 게다가 임진왜란에 참전하느라 국방비를 엄청나게 쓰는 바람에 나라가 크게 휘청이게 된 거야.

이때 중국 동북 지방에는 한때 금나라를 세웠던 여진족이 흩어져 살고 있었어. 그들의 지도자 가운데 **누르하치**라는 사람이 있었지. 그런데 어느 날 그의 할아버지와 아버지가 명나라군에게 살해되고 말았어.

"명나라 놈들, 반드시 복수하리라!"

누르하치는 피눈물을 흘리며 주먹을 불끈 쥐었어. 그러고는 군사를 일으켜 여진족의 여러 부족을 통일했지. 누르하치는 여진족을 여

덟 개의 깃발 아래 *일사불란하게 움직이도록 조직했어. 이 강력한 군대의 이름을 팔기군이라고 해.

이어 누르하치는 옛날 금나라를 계승하겠다는 의미로 나라를 세워 '금'이라 불렀어. 과거의 금나라와 구별하기 위해 누르하치의 금나라를 '후금'이라고 해. 후금은 명나라 군대를 격파해 *요동 지역을 차지했지.

뒤이어 누르하치의 아들, 홍타이지는 아버지보다 더 큰 야망을 품었어. 명나라 정복에 그치지 않고 여러 민족을 아우른 대제국을 건설하기로 마음먹은 거야. 그는 각오를 다지며 나라와 민족의 이름을 새로 정하고, 스스로 황제 자리에 올랐지.

"나라 이름을 청나라로 바꾼다. 그리고 우리의 이름은 이제 만주족이다."

홍타이지의 황제 즉위식에는 조선의 사신들도 참석했어. 하지만 조선 사신들은 속으로는 홍타이지를 황제로 인정하지 않았어.

'쳇, 오랑캐의 지배자에게 굽실댈 수는 없지. 우리 조선은 명나라를 섬긴다.'

홍타이지는 계속해서 명나라 편을 드는 조선을 침략했어. 이렇게 일어난 전쟁이 바로 병자호란이야. 조선은 강력한 기마병의 공격에 무릎을 꿇었고, 청나라에 돈과 조공을 바치며 수많은 인질도 보내야 했지.

홍타이지는 명나라 정복의 꿈을 끝내 이루지 못한 채 세상을 떠났지만, 명나라는 곧 이자성이 이끄는 농민군의 공격에 무너지고 말았어. 청나라 군대는 베이징을 점령하고 이자성의 정권도 무너뜨린 후 마침내 중국 전체를 손에 넣었지. 한족의 명나라에 이어 만주족의 청나라가 중국을 지배하게 된 거야.

낱말 체크

★ **일사불란** 조금의 흐트러짐도 없이 질서가 잡힘.

★ **요동** 중국 랴오허강(요하)의 동쪽 지역.

팔기군

팔기군은 만주족을 여덟 개의 깃발 아래 나눈 조직이야. 평소에는 행정 단위였다가 전쟁이 일어나면 군사 조직이 되었지. 각자 속한 깃발에 따라 갑옷의 색, 테두리가 달랐어. 청나라가 대제국으로 발전하면서 몽골 팔기군, 한족 팔기군도 추가되었어.

▶ **만주족이 세운 청나라** ▼

홍타이지는 여진족을 만주족이라고 고쳐 부를 것을 선언했어. 그리고 나라 이름을 후금에서 '청'으로 바꿨지. 나라 이름의 뜻을 살펴보면, '명(明)'은 밝다는 뜻이라 불과 관련이 있어. 이 때문에 명나라의 불길을 잠재우기 위해 물과 관련된 이름인 '청(淸)', '만주(滿洲)'로 이름을 바꾸었다는 해석도 있어.

쏙쏙 퀴즈 — 맞으면 O, 틀리면 X

1 누르하치는 여덟 개의 깃발 아래 움직이는 팔기군을 조직했다.

2 홍타이지는 한족을 이끌고 다시 중국을 통일하였다.

18~19세기

80 청나라가 대제국으로 발전하다

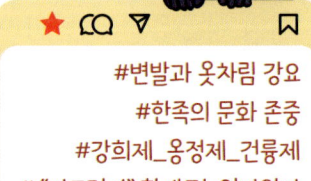

#변발과 옷차림 강요
#한족의 문화 존중
#강희제_옹정제_건륭제
#《사고전서》한세트는얼마일까

한족은 오래전부터 만주족을 오랑캐라 부르며 얕잡아 보았어. 인구수도 만주족보다 훨씬 많았지. 그래서 청나라가 한족을 다스리기 꽤 힘들었을 거야. 청나라는 일단 한족에게 만주족 특유의 머리 모양인 **변발과 옷차림을 강요**하며 기선을 ★제압했어.

"만주족처럼 앞머리를 깎고, 뒷부분을 길게 땋아라."

변발하지 않거나 만주족을 비판하는 사람들은 끌려가 호된 벌을 받았지. 그러나 청나라는 유교와 과거제를 비롯한 **한족의 문화를 존중**했어. 중요한 관직에 만주족과 한족을 고루 앉히고, 지방을 이끌던 지식인들의 협조도 얻어 냈지. 이런 정책으로 청나라는 한족과 손잡고 중국을 지배할 수 있었어.

4대 황제인 **강희제** 때 이르러서는 나라의 기반을 단단하게 다졌

어. 강희제는 옛 명나라 사람들이 일으킨 반란을 진압한 후, 타이완을 정복했지. 그리고 자꾸 청나라 땅을 넘보는 북쪽의 러시아를 공격했어. 화끈한 전투로 러시아에 청나라의 위력을 보여 준 후 두 나라는 더는 다툼이 없도록 국경을 확정했지.

"여기서부터 여기까지가 우리 청나라 경계니까, 다신 얼쩡거리지 마시오."

강희제 뒤를 이은 **옹정제**는 황제의 권력을 강화하고 세금 제도를 정비했어. 다음 황제인 **건륭제**는 영토를 크게 넓혔지. 이때 청나라는 티베트와 신장, 몽골을 포함한 오늘날 중국 영토의 대부분을 차지했어.

이렇게 강희제, 옹정제, 건륭제는 130여 년간을 다스리면서 청나라의 전성기를 이끌었어. 강희제, 건륭제의 첫 자를 따서 '**강건성세**'라는 말이 생길 정도로 이 시기는 ★태평성세였지.

태평한 시대가 계속되자 건륭제는 자신감에 차서 대규모 편찬 사업을 추진했어. 중국의 수많은 책을 모은 다음 《**사고전서**》를 펴낸 거야. 청나라의 이러한 노력으로 오랜 시간 쌓인 중국의 지식, 제도, 문화가 면면히 이어져 오늘날까지 전해질 수 있었지.

낱말 체크

★ **제압** 힘이나 기세로 다른 세력을 억눌러서 통제함.

★ **태평성세** 어진 임금이 다스려 걱정이 없는 시대.

《사고전서》

건륭제는 훌륭한 유교적 군주로서 길이 남을 업적을 남기고 싶었어. 그래서 수많은 학자들과 함께 《사고전서》를 펴냈지. '사고'는 모든 책을 유교 경전, 역사, 사상과 기술, 문학, 이렇게 네 가지로 분류해 보관한 창고라는 뜻이야. '전서'는 체계적으로 엮은 책을 뜻하지. 《사고전서》에 모은 책은 3천여 종, 3만여 권이나 돼.

▶ 중국의 소수 민족 ▼

청나라 이후 중국은 50개가 넘는 민족으로 이루어진 다민족 국가가 되었어. 한족이 약 90퍼센트를 차지하지만, 소수 민족의 존재도 무시 못 해. 우리 겨레인 조선족도 옌볜 지역에 모여 살고 있지. 라마교를 믿는 티베트족, 대부분 이슬람교를 믿는 위구르족처럼 독립을 열망하는 소수 민족도 있어.

쏙쏙 퀴즈 — 맞으면 O, 틀리면 X

1 청나라는 한족에게 변발을 강요했다.

2 청나라는 강희제 때 《사고전서》를 편찬하였다.

14~18세기 동아시아

81 명나라·청나라의 경제와 문화

#은을 화폐로 사용
#경제 발전 #서민 문화 발달
#경극 #마테오 리치
#중국이더이상중심이아니네

명나라가 발전하고 있던 시기에 새로운 바닷길이 열리면서 포르투갈, 에스파냐 등 유럽 상인들이 배를 타고 중국에 찾아오기 시작했어. 이들은 중국의 비단, 도자기 등을 사고 **은으로 물건값을 지불**했지.

"은이 넘쳐나는구나! 화폐로 만들면 좋겠어."

명나라, 청나라 정부는 신나서 은으로 화폐도 만들고, 세금도 거두었어. 이렇게 수출이 잘되자 많은 농민들이 비단 짜기, 도자기 만들기에 매달렸지. 면화, 차 등을 재배해 시장에 내다 파는 농민, 면직물 등을 만드는 수공업자도 많았어.

다들 바빼 일하는 가운데 명나라, 청나라의 **경제는 크게 발전**했어. 그러한 경제적 풍요 속에 **서민 문화**가 활짝 꽃피었지. 사람들은 《삼국지연의》, 《서유기》 등 소설의 재미에 푹 빠졌어. 연극 관람도 즐

34

겼어. 청나라 때는 화려하게 분장한 경극 배우들이 한껏 꾸며 낸 목소리로 노래하고, 무술도 보여 주며 관객을 사로잡았지.

명나라 말부터는 서양 선교사들이 크리스트교를 전하러 중국에 들어왔어. 가장 유명한 사람은 이탈리아에서 온 마테오 리치야. 그는 중국 사람들에게 친숙하게 다가가려고 무던히 애썼어. 중국어와 한자를 익히고, 유교 경전까지 공부했지. 명나라 지배층의 옷도 입었어. 이렇게 중국인에게 친숙한 모습으로 크리스트교의 교리를 가르쳐 주는 한편, 서양에서 만든 지구본, 해시계, ★자명종 등 과학 기구들을 소개했어.

"오, 이 해시계는 우리 중국에서 만든 것과 다르군요!"

난생처음 보는 물건에 명나라 지배층은 눈을 반짝였어.

마테오 리치는 세상이 얼마나 넓은지도 알려 주었지. 명나라 학자와 함께 <곤여만국전도>라는 세계 지도를 만들어 보여 준 거야. 이 지도를 보기 전까지 중국인들은 세계 지도에 중국을 대문짝만하게 그리고, 주변 나라들의 위치와 크기도 실제와 다르게 그렸어. <곤여만국전도>는 '세상의 중심'을 자부하던 중국인들의 생각을 흔들어 놓았지. 그 후로도 서양 ★문물은 계속 전해져 중국은 물론, 우리나라에까지 큰 영향을 끼쳤어.

낱말 체크

★ **자명종** 정해 놓은 시간에 저절로 소리가 나는 시계.

★ **문물** 정치, 경제, 종교, 예술, 법 등 문화에 관한 모든 것.

경극

'경(京)'은 서울이라는 뜻으로 중국의 수도 베이징에서 주로 공연되던 중국의 전통 연극을 뜻하는 말이야. 경극은 등장인물의 정신, 감정을 드러내는 것이 중요한 연극이야. 그래서 경극의 연기는 서양의 연극이나 오페라와는 전혀 다르게 느껴지지. 경극은 배우들의 짙은 화장, 노래 형태로 말하는 대사, 무술 공연 등이 인상적이야.

경극 <패왕별희>의 한 장면

▶ **<곤여만국전도>** ▼

마테오 리치가 만든 <곤여만국전도>에는 유럽, 아프리카, 아메리카, 아시아 등이 그려져 있어. 당시에 잘 알려지지 않았던 오세아니아 등은 남쪽에 커다란 대륙으로 그려 놓았지. 이 지도는 중국에서 열두 번이나 출판되었고, 중국 사람들에게 새로운 지리 지식을 전해 주었어.

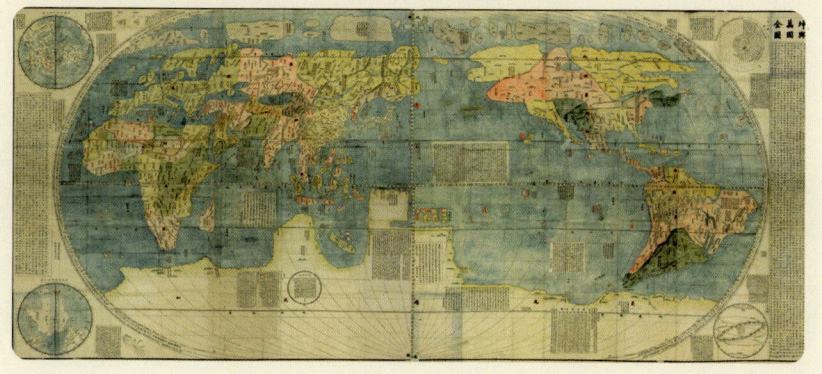

쏙쏙 퀴즈 맞는 것 고르기

1 명나라와 청나라 때에는 (귀족 / 서민) 문화가 발전했다.

2 청나라 때에는 배우들이 화려하게 분장한 (가부키 / 경극)가(이) 유행했다.

12~14세기  동아시아

82 일본 무사들의 시대가 시작되다

#사무라이
#미나모토노 요리토모 #쇼군
#가마쿠라 막부 #봉건제
#이제일본왕은허수아비신세

'휙휙!' 칼을 휘두르는 **사무라이**를 알고 있니? 사무라이는 ★무사를 의미하는 일본 말이야. 무사들은 사회가 어지럽던 헤이안 시대 후기에 처음 나타났어. 자기 땅을 지키기 위해 스스로 무사가 된 사람도 있었고, 귀족이나 지방 호족의 부하가 된 무사도 있었지.

그러다가 12세기 말에 최고의 무사를 가리는 전쟁이 일어났어. 쟁쟁한 집안의 무사 두 명 사이에 싸움이 붙은 거야. 이 전쟁의 승자는 미나모토 집안의 **요리토모**였어. 곧 요리토모는 천황의 임명을 받고 ★**쇼군**이 되었지.

"이제 쇼군인 내가 일본을 다스릴 것이다."

요리토모는 일본 동부에 있는 도시 가마쿠라에 막부를 두었어. 막부는 원래 장군이 천막을 치고 군사 작전을 지휘하던 곳을 부르는 말

인데, 이때부터 무사 정권을 뜻하게 되었지. 천황 대신 쇼군이 실권을 쥐게 된 거야. 요리토모의 **가마쿠라 막부**가 세워지면서, 천황과 귀족들이 다스리던 헤이안 시대는 막을 내렸어.

"무사들의 시대가 열렸다! 각자 맡은 땅을 잘 다스려 나라를 안정시켜야 한다."

무사들은 쇼군에게 충성을 맹세하고 땅을 받았어. 이미 땅을 차지하고 있는 경우, 쇼군에게 인정받으면 되었지. 쇼군의 지휘 아래 무사들이 전국을 나누어 다스리면서 일본 특유의 **봉건제**가 실시되었어.

처음에는 일본 동부만 다스렸던 가마쿠라 막부는 점차 천황이 있는 서부까지 지배력을 확장했어. 그렇게 일본을 완전히 휘어잡으려는 순간, 최악의 위기가 닥쳤어. 세계를 주름잡은 몽골 제국이 곧 일본을 침략할 거라는 소문이 전해진 거야.

'에이, 설마 바다 건너까지 쳐들어오겠어?'

하지만 쿠빌라이가 이끄는 몽골군은 끝내 바다 건너 일본을 침략했어. 일본은 절체절명의 위기에 놓였지. 하지만 때마침 엄청난 폭풍우가 몰아치는 바람에 몽골군의 배는 가라앉고 병사들은 모조리 죽고 말았어.

몇 년 후, 다시 몽골·고려 연합군이 일본을 침략했을 때도 폭풍우가 몰아쳤어. 덕분에 가마쿠라 막부는 몽골의 공격에서 벗어날 수 있었지. 하지만 얼마 안 가 가마쿠라 막부도 무너지고 말아.

낱말 체크

★ **무사** 무술에 능한 사람.
★ **쇼군** 막부의 우두머리로, 우리말로 '장군'을 뜻함.

미나모토노 요리토모

가마쿠라 막부가 세워지기 전, 미나모토 집안과 다이라 집안 사이에 겐페이 전쟁이 벌어졌어. 여러 해 싸운 끝에 미나모토 집안의 요리토모가 승리를 거두었지.

▶ 가미카제

일본 사람들은 신이 바람을 일으킨 덕분에 몽골이 물러갔다고 믿어. 여기서 신[=가미]의 바람[=카제]을 뜻하는 '가미카제'라는 말이 생겼지. 제2차 세계 대전 때 일본은 자살 특공대에 가미카제라는 이름을 붙였어. 자살 특공대가 신의 바람이 되어 일본을 승리로 이끌길 바랐던 거야.

쏙쏙 퀴즈 — 맞으면 O, 틀리면 X

1 12세기 말, 요리토모는 전쟁에서 이겨 천황이 되었다.

2 일본의 봉건제에서는 쇼군의 지휘 아래 무사들이 전국을 나누어 다스렸다.

일본 무사, 사무라이

가마쿠라 막부를 시작으로 장장 700년 가까이 일본을 지배한 무사, 사무라이는 어떤 모습이었을까? 헤이안 시대의 무사는 팔다리와 몸통이 따로따로 나뉜 갑옷을 입었어. 덕분에 말 위에서도 얼마든지 움직일 수 있었지. 이러한 갑옷은 무기와 전투 방식의 변화에 맞춰 점차 가벼워졌어.

 사무라이의 갑옷, '오요로이' ▼

오요로이는 사무라이가 입었던 갑옷 중 하나야. 꽤 튼튼해 보이는 이 갑옷은 전투에 적합할 뿐 아니라 아름답기도 했어. 목숨이 왔다 갔다 하는 전쟁터에서에서도 멋과 예의를 갖춰 입었던 거야. 물론 신분이 높을수록 갑옷이 화려했고, 낮은 신분은 소박하게 입었어.

◀ 사무라이의 투구, '가부토'

머리에는 철판 여러 장을 연결해 만든 단단한 투구를 썼어. 사슴뿔을 붙이거나, 커다란 초승달 모양을 달기도 했지. 눈을 비롯해 얼굴도 단단히 보호해야 했어. 처음에는 이마와 뺨만 가리다가, 점점 가면 같은 것으로 얼굴 전체를 방어했고, 목까지 튼튼하게 가리기도 했어. 사무라이들은 이마 윗부분의 머리를 빡빡 밀고 남은 머리를 틀어 올렸어. 전투가 길어질 때면 수북한 머리카락이 답답하고 덥기 때문이었지.

◀ 사무라이의 무기, '일본도'

사무라이의 가장 유명한 무기, 칼은 기다랗고 약간 휘어져 있어. 휘어진 칼은 찌르기보다 베기 유리해. 전속력으로 말을 타고 달려와 이런 칼로 단번에 적을 베었지.
그 밖에도 사무라이들은 여러 무기를 사용했어. 전투가 시작되면 활시위를 당겨 빗발치듯 화살을 퍼부었고, 그러면 기다란 창을 든 사무라이들이 돌격했지. 나중에는 서양에서 들어온 조총과 대포도 사용했어.

▼ 몽골·고려 연합군과 싸우는 사무라이

맨 오른쪽, 고꾸라질 것 같은 말 위에서 싸우고 있는 사람이 바로 사무라이야. 투구를 쓰고 갑옷을 두둑이 챙겨 입었지.

원래 사무라이는 충성을 맹세했던 주군을 배신하기 일쑤였어. 땅을 주겠다는 사람이 나타나면 냉큼 그 사람에게 가 버렸지. 그러나 임진왜란 이후에도 막부가 들어서고 정치가 안정되면서 변화가 찾아왔어. 사무라이들 중에는 조선에서 들어온 *성리학을 공부하는 사람들도 있었지. 그 후 성리학의 영향으로 주군에게 충성해야 한다는 생각이 점점 퍼져 나갔어. 사무라이 정신은 메이지 유신 이후 무사들이 사라지고 나서도 일본의 전통과 상징으로 강조되었어.

★ 성리학 송나라의 주희가 정리한 후 조선에서 크게 발전한 유학.

 15~16세기 동아시아

83 무사들이 세력을 다투는 전국 시대가 펼쳐지다

#무로마치 막부
#다이묘 #전국 시대
#오다 노부나가 #조총
#잘나갈때필요한건집안단속

가마쿠라 막부가 무너진 후, 교토의 무로마치에서 새로운 막부가 세워졌어. 그런데 **무로마치 막부**가 세워지고 나서 100년쯤 뒤에 쇼군 자리를 두고 큰 다툼이 일어나 나라가 혼란에 빠지게 됐어. 이러한 난리 통에 교토는 쑥대밭이 되었고, 쇼군의 권위는 물론, 지방을 장악한 *다이묘의 권위도 마구 흔들렸지.

"영주님의 땅이면 어때? 빼앗으면 그만이지."

너무나 혼란한 시기여서, 무사들이 거침없이 다이묘의 땅을 빼앗는 *하극상이 자주 일어났어. 하루아침에 다이묘가 바뀌거나 가문이 몰락하고, 낮은 신분의 사람들이 기회를 잡아 가장 강한 세력으로 거듭나기도 했지.

이런 시기를 견뎌 낸 다이묘들은 점차 쇼군을 따르지 않고 독자적

으로 자기 지역을 다스리게 돼. 이렇게 지역의 힘 있는 다이묘들과 무사끼리 땅을 더 차지하려고 줄곧 싸우던 시대를 **전국 시대**라고 해. 전국 시대 무사들은 너도나도 무술과 전술을 뽐내며 싸웠지.

이 무렵 중국 배가 바다에서 ★표류하다가 일본의 한 섬에 이르렀어. 그 배에는 포르투갈 상인이 타고 있었지. 그는 일본 사람들에게 총을 쏘는 시범을 보여 주었어.

"순식간에 '팡' 하고 탄알이 날아가네. 대단한 무기로다!"

창이나 활, 칼 같은 무기밖에 모르던 일본 사람들은 놀라서 입이 떡 벌어졌어. 이때부터 일본은 서양 총을 수입하고, 총을 만드는 법을 배웠어. 이 총을 **조총**이라고 불러.

용감한 다이묘, **오다 노부나가**는 조총을 대량으로 사들였어. 하지만 조총은 한번 쏘고 나면 다시 탄약을 넣고 불을 붙이는 데 시간이 걸린다는 단점이 있었지. 그렇지만 오다 노부나가는 곧 조총의 단점을 보완하는 해결책을 찾았어. 바로 부대를 여러 줄로 세워 앞줄이 총을 쏘면 바로 물러나 뒷줄이 총을 쏠 수 있게 하는 전략이었지. 덕분에 노부나가는 많은 전투에서 승리하고 전국 통일을 눈앞에 두게 되었어.

하지만 예상치 못한 적이 내부에 있었어. 1582년, 노부나가가 아끼던 부하 한 명이 그를 배신하고 죽이려고 한 거야. 궁지에 몰린 노부나가는 힘을 쓰지 못하고 결국 그곳에서 자결하고 말았지.

낱말 체크

★ **다이묘** 옛 일본의 지방에서 넓은 땅을 가졌던 봉건 영주.

★ **하극상** 계급, 신분이 낮은 사람이 예의나 규율을 무시하고 윗사람을 꺾고 오름.

★ **표류** 정처 없이 흘러감.

조총

조총은 1543년에 처음 일본에 들어왔어. 이때 규슈 지방 남쪽 작은 섬의 영주가 포르투갈 상인에게 총을 구입해 부하들에게 사용법과 제조법을 배우게 했대. 조총의 '조(鳥)'는 하늘을 나는 새를 뜻해. 새를 쏘아 맞힐 수 있다는 뜻에서 조총이라는 이름을 붙였다고 전해져.

▶ 전국 시대에 활약한 닌자 ▼

검은 옷을 입고 스파이로 활동하거나 적을 암살하는 닌자는 세계적으로 유명해. 가마쿠라 막부 때 처음 등장한 이들의 활약은 100년 넘게 전쟁이 이어지던 전국 시대에 두드러졌어. 닌자는 대부분 교토에서 가까운 지역 출신으로 다이묘 밑에서 일했는데, 적의 땅에 몰래 침투해 임무를 수행하기 위한 기술을 철저히 익혔다고 해. 모습을 숨기기 위해 복면을 쓰고 다녔지.

그림으로 그려진 닌자의 모습

쏙쏙 퀴즈 맞는 것 고르기

1 일본 중세 시대 때 지방에서 넓은 땅을 다스린 영주는 (다이소/다이묘)이다.

2 일본 전국 시대 때 서양에서 들여와 사용하기 시작한 총은 (딱총/조총)이다.

84 임진왜란으로 동아시아 국제전이 벌어지다

#도요토미 히데요시
#전국 통일 #임진왜란
#동아시아 국제 전쟁
#동아시아역사를바꾼전쟁

오다 노부나가가 죽자, 부리나케 반란군을 진압한 사람이 있었어. 바로 **도요토미 히데요시**야. 그는 가난한 농민의 아들로 태어났지만 오다 노부나가의 눈에 띄어 초고속으로 ★출세한 무사였지. 노부나가가 죽은 후 전투에서 연달아 이기며 마침내 **일본을 통일**한 히데요시의 자신감은 하늘을 찔렀어.

"하하하, 이제 대륙으로 가자. 명나라를 공격할 것이다!"

히데요시는 일본 통일에 만족하지 않고 나아가 대륙의 명나라를 정복하려 했지. 자신감이 지나치기도 했지만, 명나라를 차지해 주변 다이묘들에게 땅을 나눠 줄 생각도 있었어. 나라 밖으로 무사들을 내보내 국내를 안정시키려는 속셈도 있었지.

히데요시는 명나라를 치러 가니 조선에 길을 비키라고 요구했어.

조선이 거절하자 일본이 쳐들어오면서 **임진왜란**이 시작되었지. 일본군은 막강했어. 전국 시대 동안 다진 전투력에, 신무기 조총까지 갖고 있었기 때문이야. 전쟁 초반 조선은 맥없이 무너지다가, 일본군이 임진강까지 치고 올라오자 명나라에 지원군을 요청했어.

"입술이 없으면 이가 시린 법. 조선에 군대를 보내 주거라!"

조선이 무너지면 명나라까지 위태로운 상황이었어. 그래서 명나라는 군대를 보내, 조선군과 함께 일본에 맞서 싸웠지. 명나라는 일본군과 협상에 들어가 전쟁을 멈추려 했는데, 일본은 명나라가 도저히 받아들일 수 없는 조건을 내걸었지.

"명나라는 일본에 항복하라. 그리고 조선 남부를 일본에 넘겨라."

협상은 깨지고 일본군은 다시 쳐들어왔어. 일본군은 조선 남부를 무력으로 빼앗을 기세로 싸웠지. 임진왜란은 7년이나 이어졌고, 전쟁 도중 병을 앓기 시작한 히데요시가 세상을 뜨면서 막을 내렸어.

전쟁 중에 조선의 많은 학자와 예술가들이 일본으로 끌려갔고, 도자기, 책 등을 일본에 약탈당했어. 덕분에 일본은 임진왜란 후 문화가 놀랄 만큼 발전했지.

명나라는 임진왜란에 참전하느라 국력을 많이 써 버린 탓에 힘이 약해졌고, 청나라에 결국 무너지고 말았어. 조선은 임진왜란을 계기로 신분제가 흔들리는 등 큰 변화가 일어났지. 이처럼 임진왜란은 동아시아 세 나라에 엄청난 ★파장을 일으켰어.

낱말 체크

★ **출세** 사회적으로 높은 지위에 오르거나 유명하게 됨.

★ **파장** 충격적인 일이 끼치는 영향.

귀 무덤

일본 교토에 있는 귀 무덤은 사실 코 무덤이야. 임진왜란 때 일본군이 베어 간 조선인들의 코가 이곳에 묻혔지. 일본 사람들은 전쟁에서 죽은 사람의 넋이 떠돌며 태풍, 지진 같은 재해를 일으킨다고 믿었어. 그래서 적군의 넋이라도 위로하기 위해 제사를 지내고 이렇게 묻어 두었대.

도자기 장인을 납치하라

도요토미 히데요시는 무사들과 함께 차를 마시며 권력을 뽐내고는 했어. 농민 출신이라는 열등감을 감추려는 듯, 최고의 찻그릇을 차려 놓고 으스댔지. 그런 히데요시는 임진왜란 때 조선에서 도자기를 약탈하고 장인들을 납치해 오라는 명령을 내렸어. 이때 건너간 이삼평이 일본 최초로 백자를 만들었고, 일본의 도자기 기술은 급속도로 발전했지.

17세기에 만들어진 일본의 아리타 자기

쏙쏙 퀴즈 — 맞으면 O, 틀리면 X

1 일본을 통일한 도요토미 히데요시는 이후 명나라를 정복하려고 하였다.

2 임진왜란이 일어나자 명나라는 조선의 도움 요청을 거절했다.

17~18세기  동아시아

85 임진왜란 후 에도 막부가 세워지다

#도쿠가와 이에야스
#에도 막부 #중앙 집권 강화
#산킨코타이 제도 #통신사
#이제그만좀쳐들어와라제발

도요토미 히데요시는 죽기 전에 어린 아들을 후계자로 삼았어. 그러나 히데요시가 죽자, 기회를 놓칠세라 행동에 나선 사람이 있었어. 바로 **도쿠가와 이에야스**였지.

'도요토미 히데요시의 그늘에서 참고 산 세월이 얼마인가! 드디어 때가 왔다.'

그는 천하의 권력을 얻기 위해 무사들을 모아 전투에 나섰어. 그러고는 히데요시의 아들을 지지하는 무사들을 무찌르고, 오늘날 도쿄인 **에도**에 막부를 세웠지. 이렇게 해서 가마쿠라, 무로마치 막부의 뒤를 이어 세 번째 막부가 탄생했어.

에도 막부는 앞의 두 막부보다 훨씬 강력했어. 지방 다이묘의 세력이 커져서 혼란이 일어나는 것을 막기 위해 쇼군은 만반의 대비를 했지. 쇼군은 우선 다이묘들의 충성심을 높이기 위해 행정 구역(번)

을 다이묘들의 충성도에 따라 쪼갰어. 그리고 주기적으로 다이묘들의 충성심을 평가해 번에서 쫓아내거나 교체했지.

그리고 다이묘들끼리 결혼 관계를 맺어 세력을 키우거나, 성을 쌓는 것도 금지했어. 혹시나 성을 쌓아서 반란을 일으킬 준비를 할까 봐 걱정했던 거야. 이러한 정책으로 막부는 **중앙 집권 체제**를 강화했어.

게다가 막부는 일정 기간 다이묘들을 에도에 붙잡아 두는 제도를 만들었어. 바로 **산킨코타이 제도**야. 각 지방을 다스리는 다이묘들은 쇼군이 있는 에도에 1년씩 머물러야 했어. 이렇게 다이묘를 자기 땅에서 떠나게 하면 쇼군의 감시를 피해 조용히 힘을 키우는 걸 막을 수 있었지.

"몸이 멀어지면 마음도 멀어지는 법! 에도에 1년씩 머물거라~"

또 다이묘가 지방으로 내려갈 때에도 부인과 아들은 에도에 남아야 했어. 가족을 인질로 붙잡아 둔 거야.

"에헴, 내 ★체면을 생각해서라도 돈을 팍팍 써야지."

다이묘들은 먼 거리를 오가며 많은 돈을 썼어. 에도에 머무는 동안 쓰는 생활비, 선물을 사는 비용 등 많은 ★수행원을 끌고 다니며 체면치레하느라 쓰는 돈도 만만치 않았지. 이렇게 빈털터리가 된 다이묘들은 쇼군에게 반기 드는 일은 엄두도 못 냈어.

낱말 체크

★ **체면** 남을 대하기에 떳떳한 도리나 얼굴.

★ **수행원** 지위가 높은 사람을 따라다니며 시중들거나 보호해 주는 사람.

조선 통신사

에도 막부 시절 조선에서 일본으로 파견된 외교 사절단이야. 대개 쇼군이 바뀔 때 파견되었고, 막부로부터 극진한 대접을 받았지. 막부의 권위를 뽐내는 한편, 조선의 앞선 문화를 받아들일 수 있었기 때문이야. 조선 통신사는 19세기 초까지 이어지며 두 나라 사이의 평화 관계를 유지하는 데 기여했어.

▲ 조선 통신사 행렬

▶ 도요토미 집안을 끝장낸 오사카성 전투 ▼

도요토미 히데요시의 아들 히데요리는 아버지가 지은 오사카성에 살고 있었어. 도쿠가와 이에야스는 히데요리를 없애기 위해 오사카성을 공격했는데 성을 둘러싸고 있는 연못(해자) 때문에 함락시키기 쉽지 않았지. 이에야스는 연못을 메우면 전쟁을 중단하겠다고 제안했어. 그렇게 평화 협정이 맺어졌지만, 이에야스의 군대는 연못이 사라진 통로로 쉽게 들어가 성을 함락했지. 결국 히데요리는 스스로 목숨을 끊고 말았어.

▲ 오사카성 천수각

쏙쏙 퀴즈 맞으면 O, 틀리면 X

1 막부 시대는 도요토미 히데요시 때 끝이 났다. ☐

2 도쿠가와 이에야스는 중앙 권력인 쇼군의 힘을 강화했다. ☐

17~18세기 　동아시아

86 에도 막부의 경제와 문화가 발전하다

#오사카 #니혼바시
#가부키 #우키요에
#네덜란드 #데지마
#고흐도감탄한우키요에

에도 막부가 다스린 약 260년 동안, 일본의 정치는 모처럼 안정되었어. 쇼군이 사는 에도는 일본 정치의 중심지로 우뚝 섰지. 에도의 인구는 점점 많아져 약 100만 명에 이르렀어. 한편 일본 남쪽의 도시, **오사카**는 경제의 중심지로 성장했어. 쌀, 채소 등 일본 곳곳에서 생산된 온갖 상품이 오사카로 들어왔다가 전국으로 팔려 나갔지.

도시가 성장하고 사람들이 북적대니 장사도 잘되었어. 산킨코타이 제도로 에도와 전국을 연결하는 도로가 발달하니, 다이묘 일행이 여행 중에 들르는 곳마다 상점, 음식점, 숙박 시설이 늘어났거든. 에도의 중심지였던 **니혼바시**는 항상 북적이는 사람과 여기저기서 온 물건들로 가득 찼어. 상인들의 얼굴에는 웃음꽃이 피었지.

살림이 넉넉해진 사람들은 재미난 소설책도 읽고 **가부키**나 인형극

46

을 보러 갔어. 가부키는 춤과 노래, 연기가 어우러진 일본의 전통 연극이야. 배우들의 새하얀 화장이 인상적이지. 극장에 모인 관객들은 숨죽이고 가부키를 관람했어. 인기있는 가부키 배우의 공연에는 관객이 구름처럼 몰려들었다고 해.

우키요에라는 그림도 유행했어. 우키요에는 가부키 배우, 아름다운 여인, 후지산이나 파도와 같은 풍경을 목판에 새긴 다음 대량으로 찍은 그림이야. 싼값에 팔았기 때문에 너도나도 우키요에를 사서 간직할 수 있었지.

에도 막부는 번성했지만 ★쇄국 정책을 펼쳤어. 신분 제도가 존재하는 일본에 유럽 상인들이 와서 자꾸 '모두가 평등하다.'고 외치며 크리스트교를 퍼뜨리려 하자, 에도 막부는 크리스트교를 엄히 금하고 무역을 통제했지.

오로지 **네덜란드** 상인들만 서양 나라 중에서 유일하게 무역을 허락 받았어. 이들은 크리스트교를 무리하게 퍼뜨리려 하지 않았거든. 네덜란드 상인들은 나가사키의 '**데지마**'라는 ★인공 섬에서만 무역할 수 있었는데, 도자기 등 일본 상품을 배에 실어 유럽에 전해 주었지.

이렇게 에도 막부는 정치적 안정을 바탕으로 경제적 풍요를 이루었고, 일본의 개성을 살린 문화를 발전시킬 수 있었어. 네덜란드를 통해 서양의 학문과 기술도 받아들였지.

낱말 체크

★ **쇄국** 다른 나라와의 통상과 교역을 금지함.

★ **인공** 사람의 힘으로 자연에 영향을 주어 무언가를 새로 만드는 것.

나가사키의 데지마

일본의 나가사키는 일찍부터 유럽인이 드나들던 항구 도시야. 에도 막부는 나가사키 앞바다를 메워 데지마라는 인공 섬을 만들었어. 네덜란드 상인들은 이 섬에만 머물며 무역할 수 있었지. 데지마는 나중에 흙 속에 묻혔다가 복원된 후 현재는 관광지가 되었어.

▶ 유럽 미술에 영향을 준 우키요에

우키요에는 우연히 유럽에까지 전해졌어. 배에 실려 온 일본 도자기가 우키요에로 포장되어 있었던 거야. 또렷하고도 화사한 색, 과감한 구도, 다양한 주제로 그린 우키요에는 금세 유럽 사람들의 마음을 사로잡았어. 고흐는 매화 정원, 비가 내리는 다리 풍경 등 우키요에를 따라 그리기도 했지.

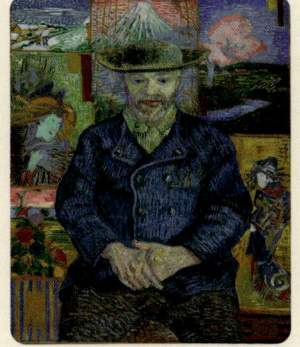

우키요에 화풍으로 그린 고흐의 〈탕기 영감의 초상〉

쏙쏙 퀴즈 - 맞는 것 고르기

1 에도의 중심지였던 (니혼바시/나가사키)는 상업이 활발했던 곳이다.

2 서양 나라 중 오직 (포르투갈/네덜란드)만이 에도 막부와 무역을 할 수 있었다.

역사 탐험 보고서

동아시아 지역 질서의 변화

북방 민족과 송나라의 성장

 당나라가 무너진 후 중국은 혼란을 겪었어. 그 사이에 북방 민족이 성장해 중국을 위협했지. 거란이 요나라를, 탕구트족이 서하를 세운 후, 여진족이 금나라를 세웠어. 중국의 혼란은 송나라가 세워지면서 수습되었어. 송나라는 문치주의 정책을 실시하는 가운데 경제가 발달했지만, 금나라의 침략을 받고 남쪽으로 쫓겨 내려갔지.

몽골 제국과 동서 문화 교류

 칭기즈 칸이 세운 몽골 제국은 정복에 나서 유럽과 아시아에 걸친 대제국을 건설했어. 쿠빌라이는 나라 이름을 원나라로 바꾸고 중국 전역을 차지하였어. 몽골 제국에서는 여러 민족과 다양한 문화가 어우러졌어. 그중 색목인의 활약이 두드러졌지. 도로가 정비되고 역참이 설치된 가운데 동서 교류도 확대되었어. 덕분에 이탈리아의 마르코 폴로가 중국에 다녀가기도 했지.

명나라와 청나라의 발전

 원나라가 약해지자 주원장이 명나라를 세웠어. 영락제 때는 정화가 대항해에 나서 중국의 위세를 멀리까지 떨쳤지. 그 후 명나라가 임진왜란 참전 등으로 약해지자, 누르하치가 여진족을 통일해 후금을 세웠어. 홍타이지는 나라 이름을 청나라로, 민족 이름을 만주족으로 바꾸었고, 청나라는 중국을 정복했지. 청나라는 강희제 때부터 전성기를 누리며 대제국으로 발전했어.

일본 막부 정치의 전개

 헤이안 시대 후기에 나타난 일본 무사들은 점차 세력을 키우다, 급기야 가마쿠라에 무사 정권인 막부를 만들어 권력을 잡았어. 그 후 무로마치 막부가 세워졌지만 곧 전국 시대의 혼란이 찾아왔지. 백 년이 넘는 전쟁을 끝장낸 사람이 도요토미 히데요시야. 그는 일본을 통일하고 임진왜란을 일으켰어. 임진왜란 후에는 에도 막부가 세워지고 정치가 안정되자, 경제와 문화도 발달했어.

사다리를 타고 내려가 보자!

문제를 읽은 뒤 사다리를 타고 내려가면 정답과 관련된 사람이 기다리고 있을 거야. 바른 위치에 올바른 정답을 적어 봐. 정답을 맞히면 약속한 간식을 주지!

① 무력보다 학문을 중시한 송나라 때 정책은?
② 몽골족을 통일해 몽골 제국을 세운 인물은?
③ 명나라 때 바다로 해외 원정을 떠난 사람은?
④ 팔기군을 조직한 여진족의 지도자는?
⑤ 쇼군이 되어 가마쿠라 막부 시대를 연 사람
⑥ 일본 통일 후 임진왜란을 일으킨 사람은?

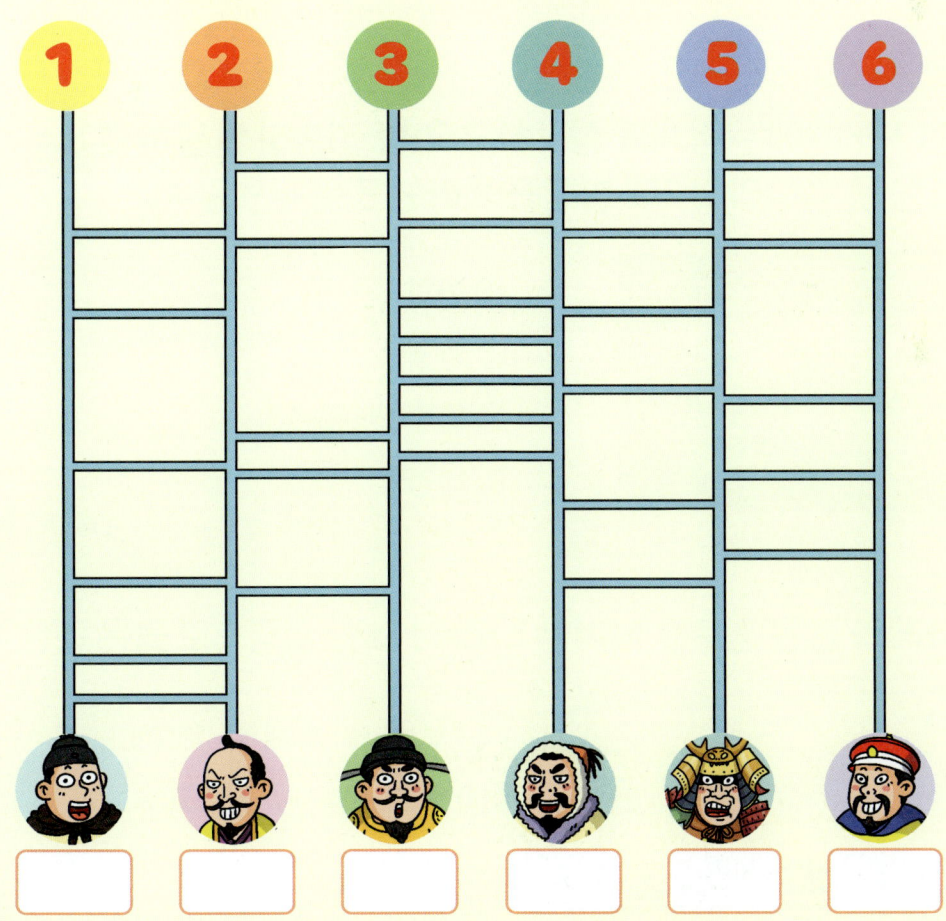

오, 집중력이 대단한걸. 자, 약속한 간식이다!

정답 176쪽

도전! 세계사 퀴즈왕

01 (가) 나라에 대한 설명으로 옳은 것은? 71~72쪽지

① 탕구트족이 세운 나라이다.
② 연운 16주를 차지하였다.
③ 송나라와 손잡고 요나라를 멸망시켰다.
④ 문치주의로 나라를 다스렸다.

02 송나라 때에는 경제가 성장하고 과학 기술이 발달하였어. 다음 중 송나라의 3대 발명품이 아닌 것은 무엇일까? 72~73쪽지

① 화약
② 자명종
③ 활판 인쇄술
④ 나침반

03 아래와 같은 영토를 차지한 나라에 대한 설명으로 옳은 것은? 74~76쪽지

① 쿠빌라이가 세운 나라이다.
② 송나라 출신 사람들을 우대하였다.
③ 교통로 곳곳에 역참을 운영하였다.
④ 마테오 리치가 관리로 머물렀었다.

04 중국에서는 원나라 이후 명나라와 청나라가 차례로 들어섰어. 아래에서 명나라와 관련된 내용이면 '명', 청나라와 관련된 내용이면 '청'이라고 써 보자.

① 홍건적 출신 주원장이 건국하였다. (　　　)
② 민족의 이름을 만주족으로 바꾸고 중국을 지배하였다. (　　　)
③ 영락제가 정화를 시켜 대규모 해외 원정을 보냈다. (　　　)
④ 한족에게 만주족의 머리 모양과 옷차림을 강요하였다. (　　　)

05 다음 명나라와 청나라 때 사실과 맞는 용어를 찾아 서로 연결해 보자.

① 누르하치가 여진족을 8개의 깃발 아래 조직한 군대　•　　•㉠ 곤여만국전도
② 명나라 때 마테오 리치가 만들고 전한 세계 지도　•　　•㉡ 자금성
③ 유교 이념을 바탕으로 홍무제가 만든 여섯 가지 교훈　•　　•㉢ 팔기군
④ 청나라 때 배우들이 화려하게 분장하고 공연하던 연극　•　　•㉣ 경극
⑤ 명나라 때 베이징에 지은 궁궐　•　　•㉤ 육유

06 일본 역사의 주요 장면들을 시간 순서대로 배열해 보자.

 ㉠ 전국 시대 치열한 전쟁이 벌어지다

 ㉡ 임진왜란이 동아시아 국제전으로 번지다

 ㉢ 일본에서 막부 정치가 시작되다

 ㉣ 에도 막부 시대 산킨코타이 제도를 실시하다

(　　) - (　　) - (　　) - (　　)

2 서아시아와 유럽 지역 질서의 변화

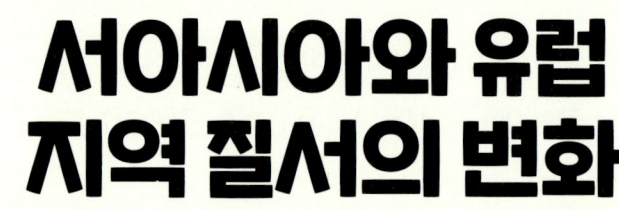

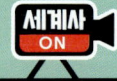

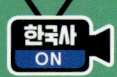

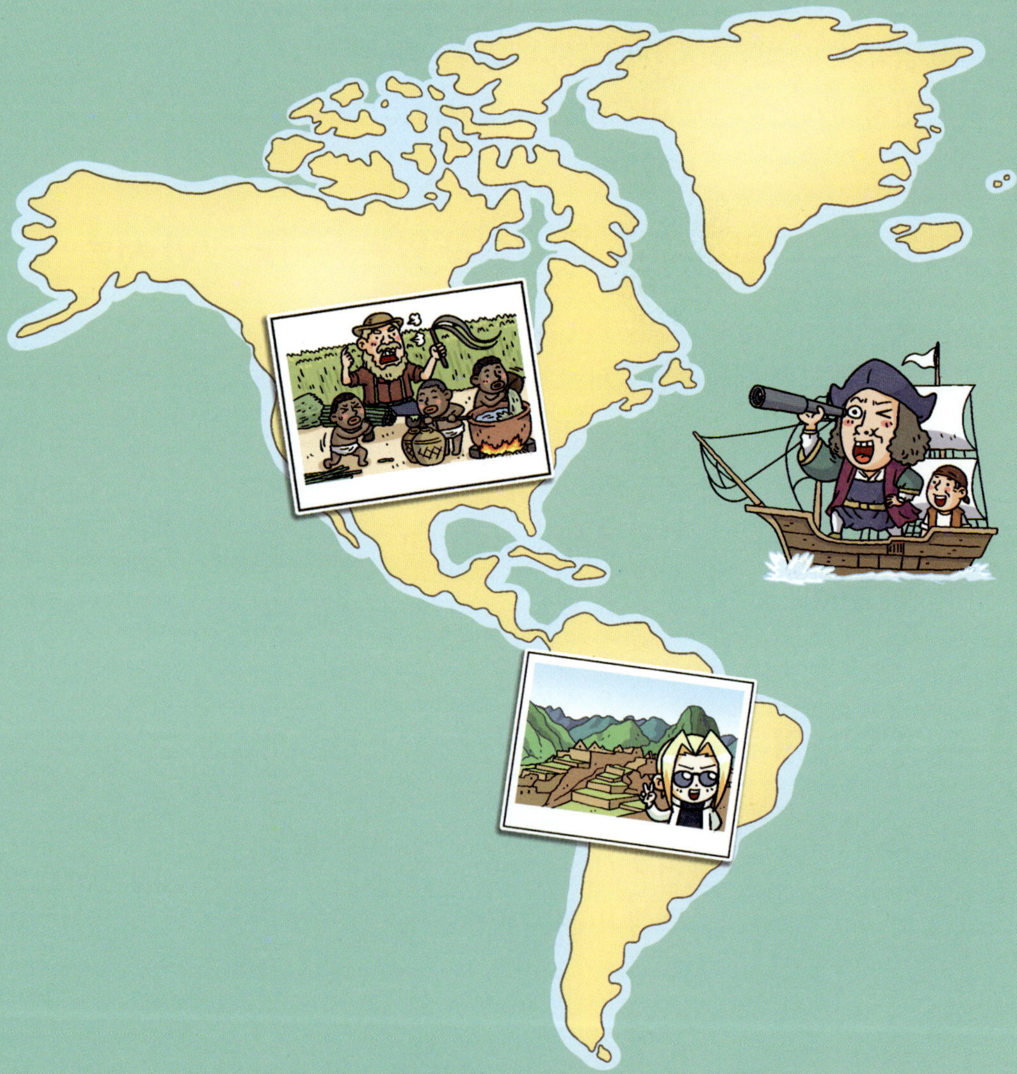

세계사 ON

1299년
오스만 제국이 세워지다

1453년
비잔티움 제국이 멸망하다

1492년
콜럼버스가 아메리카 대륙에 상륙하다

한국사 ON

1231년
몽골이 고려를 침략하다

1443년
세종 대왕이 한글을 만들다

1498년
무오사화가 일어나다

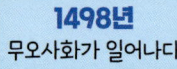

튀르크인은 아나톨리아반도에 오스만 제국을 세웠어. 오스만 제국은 비잔티움 제국을 몰락시키며 이슬람 세계의 강자로 떠올랐지. 이슬람 세력은 인도에까지 진출해 무굴 제국을 세웠어. 유럽에서는 바다 건너 신항로의 개척이 시작됐지. 하지만 이로 인해 아메리카 문명이 파괴되고, 잔인한 노예 무역이 이루어졌어. 삼각 무역으로 부를 쌓은 유럽 곳곳에선 왕이 절대 권력을 가졌지. 이 무렵 유럽에서는 수많은 과학 연구가 이루어졌고, 철학자들 사이에 계몽사상이 퍼졌어.

1526년 무굴 제국이 세워지다

1519년 기묘사화가 일어나다

1588년 영국이 에스파냐의 무적함대를 격파하다

1592년 임진왜란이 일어나다

17세기 중반 뉴턴이 만유인력의 법칙을 발견하다

1636년 병자호란이 일어나다

17세기 후반 존 로크가 사회 계약설을 주장하다

17세기 후반 환국 정치가 전개되다

 11~16세기 서아시아

87 이슬람 세계에 다양한 국가가 세워지다

#셀주크 튀르크 #술탄
#티무르 왕조
#사파비 왕조
#몽골제국이여부활하라!

동아시아의 변화를 살펴봤으니 이제 이슬람 세계로 가 볼까? 아바스 왕조가 탈라스 전투에서 승리한 후, 이슬람교는 중앙아시아로 빠르게 퍼져 나갔어. 이슬람교를 받아들인 중앙아시아 유목민들 중에서 **튀르크인**들의 세력이 커지고 있었지. 튀르크인은 오늘날 튀르키예 사람들의 조상이야. 이들 중 일부가 세운 **셀주크 튀르크**는 11세기에 나날이 성장했지.

한편 저물어 가는 별이었던 아바스 왕조의 칼리프는 셀주크 튀르크에 도움을 요청해 권위를 세우려 했어. 이 부탁을 들어준 것을 계기로 셀주크 튀르크의 지배자는 이슬람 세계의 정치적 지배자가 되었는데, 이를 **술탄**이라고 불러.

이후 이슬람 세계를 통일한 셀주크 튀르크는 동유럽의 비잔티움 제

국까지 압박했어. 그리고 비잔티움 제국을 무찌른 뒤 *아나톨리아반도 일대에 자리를 잡고 거대한 제국을 세웠지. 하지만 셀주크 튀르크는 12세기부터 작은 나라 여럿으로 갈라지며 힘이 약해지다가 결국 몽골 제국에 무너졌어.

그 후 칭기즈 칸처럼 용감한 정복자, **티무르**가 중앙아시아에 나타났어. 티무르는 튀르크어를 쓰고 이슬람교를 믿었지만, 몽골 전사의 피가 뼛속 깊이 흐르고 있었지. 티무르는 젊을 적 오른쪽 손가락 두 개를 잃었다고 해. 나중에 부상으로 한쪽 다리가 불편해져도 굴하지 않고 정복 전쟁을 벌여 나갔지.

"위대한 몽골 제국을 되살릴 것이다. 나를 따르라!"

티무르는 마침내 인도 서북부에서 서아시아에 이르는 대제국을 건설했어. **티무르 왕조**에서는 이슬람 문화를 바탕으로 튀르크와 몽골, 페르시아 문화가 한데 어우러져 발전했지. 동서 교역을 통해 경제적으로도 풍요로웠어. 하지만 티무르는 명나라를 치러 가다 병들어 죽고 말았어. 그리고 제국은 16세기 초 *우즈베크인에게 멸망했지.

"페르시아 제국의 후손들이여, 다시 일어나라!"

그 무렵 이란 지역에 페르시아의 계승을 주장하는 **사파비 왕조**가 세워졌어. 사파비 왕조는 수니파를 믿는 주변 이슬람 국가들과 달리 시아파를 국교로 삼았지. 그리고 티무르 왕조가 그랬듯 동서 무역을 통해 경제적 풍요를 한껏 누렸어.

 **낱말 체크**

★ **아나톨리아반도** 오늘날 튀르키예 영토에 해당하는 반도.

★ **우즈베크인** 튀르크 계통으로, 우즈베크어를 쓰고 이슬람교를 믿는 사람들.

 **사마르칸트**

우즈베키스탄에 있는 사마르칸트는 티무르 왕조의 수도였어. 대제국에 걸맞은 수도를 건설하기 위해 티무르는 정복한 지역에서 건축가, 예술가를 데려와 광장, 모스크, 학교 등을 지었지. 아름다운 이 건축물들은 티무르 왕조의 번영을 보여 주고 있어.

티무르 무덤에 관한 전설

티무르는 죽은 후 사마르칸트에 묻혔어. 500여 년 후 소련의 스탈린이 이 무덤을 발굴해 전시회를 열려 했는데, 얼마 후 독일이 소련을 침공했어. 사람들은 이를 보고 티무르가 저주를 내린 것이라고 수군댔지. 놀랍게도 소련은 티무르의 뼈를 사마르칸트의 무덤 속에 다시 넣고 나서야 제2차 세계 대전을 유리하게 이끌 수 있었다고 해.

▲ 티무르의 조각상

 **쏙쏙 퀴즈** 맞으면 O, 틀리면 X

1 이슬람 세계에서 정치적 지배자를 칼리프라고 부른다.

2 몽골 제국의 부활을 꿈꿨던 티무르는 사파비 왕조를 세웠다.

13~15세기 서아시아

88 오스만 제국이 비잔티움 제국을 무너뜨리다

#오스만제국
#메흐메트2세 #우르반
#비잔티움 제국 멸망
#크리스트교최대의위기!

셀주크 튀르크가 멸망한 후, 튀르크인은 흩어져 여러 나라를 세웠어. 아나톨리아 북서부에 있는 작은 나라도 그중 하나였지. 이 나라는 오스만이라는 사람이 세워서 **오스만 제국**이라고 해.

오스만 제국은 주변 나라들을 정복하며 세력을 뻗어 나갔어. 서쪽으로는 발칸반도를 공격해 비잔티움 제국의 영토를 야금야금 빼앗았지. 어느새 비잔티움 제국의 영토는 수도 콘스탄티노폴리스와 그 주변만 남게 되었어. 비잔티움 제국은 마치 바람 앞의 촛불처럼 위태위태했지.

"기필코 비잔티움 제국을 손에 넣을 것이다."

오스만 제국의 **메흐메트 2세**는 콘스탄티노폴리스를 에워싼 성벽과 그 주변 지형의 그림 등 여러 자료를 책상에 수북이 쌓아 놓고 밤

낮으로 전략을 짰어. 그는 평범한 방법으로는 콘스탄티노폴리스를 에워싼 *난공불락의 성벽을 뚫을 수 없다는 결론에 이르고는 크게 실망했지.

그런데 이 무렵 유럽의 *대포 제조 기술은 높은 수준에 이르렀어. 때마침 대포를 만드는 헝가리의 기술자, **우르반**이 메흐메트 2세를 찾아왔지. 메흐메트 2세는 눈을 반짝거리며 말했어.

"성벽을 정말 부술 수 있겠소? 돈은 얼마든지 주리다."

그리고 우르반에게 대포 제조를 맡겼지. 일꾼들은 수레마다 청동을 가득 실어와 우르반을 도왔고, 마침내 거대한 대포가 만들어졌어.

1453년 새까맣게 몰려온 오스만 제국 군대가 콘스탄티노폴리스 성벽 가까이 진을 쳤어. 우르반이 만든 대포 여러 대도 성벽을 따라 늘어섰지. 공격 명령이 떨어지자 거대한 대포들은 강력한 대포알을 발사해 성벽을 조금씩 부수었어.

그러는 사이 바다에서도 치열한 전투가 벌어졌어. 오스만 함대는 횃불을 던져 비잔티움 제국의 배에 불을 지르고, *적선을 들이받고, 적선에 기어올라 싸우며 맹공격을 퍼부었지.

50일이 넘는 공격 끝에 콘스탄티노폴리스의 성벽은 결국 뚫리고 말았어. 비잔티움 제국 최후의 날이 찾아온 거야. 유럽 사람들은 서로마 제국에 이어 크리스트교 세계가 완전히 무너진 것에 큰 충격을 받았어. 그리고 곧 들이닥칠 이슬람 세력에 두려움을 느꼈지.

낱말 체크

★ **난공불락** 공격하기가 어려워 함락할 수 없음.

★ **대포** 화약의 힘으로 포탄을 멀리 내쏘는 무기.

★ **적선** 적이나 적국의 배.

우르반 대포

우르반이 만든 대포는 8m가 넘는 길이에, 무게가 어마어마했어. 수십 마리의 소가 끌어서 간신히 대포를 옮겼다고 해. 거대한 만큼이나 파괴력도 엄청났지. 지름 64cm의 대포알이 날아가 떨어지면 그 자리에 1.8m 깊이의 웅덩이가 파였대.

▶ 오스만 제국과 싸운 루마니아의 영웅, 드러쿨레아

메흐메트 2세는 동유럽의 루마니아까지 쳐들어갔어. 이때 사람을 잔인하게 죽이기로 유명한 루마니아의 귀족, 블라드 3세 드러쿨레아가 오스만 군대를 물리쳤지. 훗날 영국의 유명한 흡혈귀 소설, '드라큘라'의 모티브가 되는 인물이기도 해. 원래 드러쿨레아는 용의 아들을 뜻해. 블라드 3세의 아버지가 용이 그려진 깃발을 달고 다녀서 붙여진 별명이지.

블라드 3세 드러쿨레아

쏙쏙 퀴즈 맞는 것 고르기

1 오스만 제국의 메흐메트 2세는 (오르간/우르반)에게 대포를 만들게 시켰다.

2 오스만 제국은 콘스탄티노폴리스를 공격하여 (비잔티움 제국/서로마 제국)을 멸망시켰다.

89 오스만 제국이 대제국으로 발전하다

#셀림 1세
#술레이만 1세 #밀레트
#카눈 #예니체리
#오스만제국의전성기

메흐메트 2세는 정복욕이 대단한 손자를 두었어. 바로 **셀림 1세**야. 이집트를 정복한 그는 이집트에 있던 아바스 왕조의 칼리프에게 칼리프 자리를 넘겨받았어. 이제 오스만 제국의 정치적 군주인 술탄이 종교 지도자인 칼리프까지 ★겸하면서 이슬람 세계의 최고 지배자가 된 거야. 셀림 1세는 오스만 제국의 영토를 세 배나 늘려 놓았어.

오스만 제국은 그의 아들 **술레이만 1세** 때 더욱 발전하며 전성기를 맞이했어. 술레이만 1세는 즉위하자마자 헝가리를 점령했지. 이후에는 오스트리아의 수도 빈을 포위하고 공격을 퍼부었어.

"빈이 ★함락되면 끝장이다. 어떻게든 막아야 해."

유럽 사람들의 끈질긴 저항에 막혀 오스만 제국은 빈을 정복하지 못했어. 하지만 술레이만 1세는 영토를 계속해서 넓혀 나갔고, 지중

해에서 유럽 연합 함대를 격파했지. 이로써 오스만 제국은 1500년대에 지중해 동쪽 바다를 둘러싸고 아시아, 유럽, 아프리카에 걸친 대제국으로 위세를 떨쳤어.

대제국을 유지할 수 있었던 비결은 무엇보다 다양성을 존중한 데 있었어. 영토가 넓은 만큼 오스만 제국에는 여러 종교를 믿는 사람들이 섞여 살았어. 하지만 종교에 대한 차별 없이 세금만 제대로 내면 저마다 '밀레트'라는 종교 공동체 안에서 자유롭게 살아갈 수 있었지.

"밀레트 안에서는 종교는 물론 법률, 재판 등도 알아서 처리하라."

능력을 중시한 정책도 오스만 제국의 발전에 한몫했어. 셀림 1세 때 오스만 제국의 함대를 이끌었던 바르바로사 형제는 그리스 동부 섬에서 태어난 해적 출신이었지. 이처럼 오스만 제국에서는 출신 지역이나 신분에 상관없이 능력을 발휘할 기회가 펼쳐져 있었어.

게다가 '입법자'라는 별명으로도 유명한 술레이만 1세가 정비한 법 덕분에 제국은 안정적으로 유지될 수 있었어. 술탄이 만든 법을 '카눈'이라고 해. 카눈은 이슬람 세계에 존재해 왔던 다양한 율법을 보완하는 법이야. 카눈에는 생명, 재산, 범죄 등 다양한 분야에 관련된 법들이 구체적으로 제정되었지. 이처럼 제도와 문물이 잘 갖춰진 오스만 제국은 약 수백 년 동안이나 번영을 누렸어.

낱말 체크

★ **겸하다** 한 사람이 본래 직무 외에 다른 직무를 더 맡아 하다.

★ **함락** 적의 성, 요새 등을 공격하여 무너뜨림.

초승달 모양 크루아상

오스트리아의 빈은 두 번이나 오스만 제국의 공격을 받았어. 오스만군이 철수하자 누군가가 이슬람의 상징인 초승달 모양으로 빵을 만들었대. 이슬람이라면 치를 떨던 유럽 사람들은 이 빵을 아주 맛있게 먹어 치웠지. 초승달은 프랑스어로 크루아상이야. 여기서 크루아상이라는 빵 이름이 생겼다고 해.

▶ 예니체리와 군악대 ▼

14세기 중반에 창설된 예니체리는 술탄을 위해 싸우는 병사들이야. 전쟁 포로로 잡혀 왔거나 발칸반도에서 온 소년들이 이슬람교로 개종한 뒤 철저한 교육과 훈련을 통해 예니체리가 되었지. 이들은 자부심과 충성심이 넘쳤어. 예니체리가 전쟁터에 나갈 때면 군악대가 여러 악기로 행진곡을 연주해 사기를 북돋았는데, 군악대의 연주 소리는 적에게 공포심을 불러일으켰지. 이러한 오스만 제국 군악대의 행진곡은 모차르트의 〈터키 행진곡〉, 하이든의 〈군대 교향곡〉 등에 영향을 주었어.

악기를 부는 예니체리 군악대의 모습

쏙쏙 퀴즈 맞는 것 고르기

1 오스만 제국에서는 (팔레트 / 밀레트) 안에서 종교에 대한 차별 없이 살 수 있었다.

2 술레이만 1세는 (카눈 / 씨눈)이라는 법을 정비했다.

90 다양성과 실용성이 돋보인 오스만 문화

#이스탄불
#오스만 문화
#모스크 #세밀화
#종교는다르지만문화는인정

비잔티움 제국의 수도였던 콘스탄티노폴리스는 오스만 제국의 수도가 되면서 ★지명이 **이스탄불**로 바뀌었어. 이스탄불에는 오스만 제국이 정복한 세계 곳곳에서 뛰어난 기술자들이 건너와 이슬람 사원, 궁전, 공공건물 등을 지었지. 비잔티움 제국이 몰락하며 황폐해졌던 이곳은 활력을 되찾고 거대한 국제도시로 발전했어.

오스만 제국의 술탄은 막강한 권력을 쥐고 있었지만, 그가 사는 궁전은 유럽의 궁전처럼 화려하진 않았어.

"살아 있는 모든 것은 덧없이 사라진다."

《쿠란》에도 나오는 이러한 생각 때문이야. 오스만 제국에서는 편리한 기능을 살리고, 단순하면서도 우아한 모습으로 궁궐을 지었지. 그러나 '영원'을 상징하는 이슬람 사원은 한껏 화려하게 지었어.

유스티니아누스 황제 때 지었던 성 소피아 대성당도 이슬람 사람들의 사원인 **모스크**로 바뀌었어. 메카의 방향을 표시하는 미흐라브 등 이슬람 시설이 설치되었지. 크리스트교의 상징 십자가는 내려졌고, 예수와 성모 마리아의 모습이 담긴 모자이크화도 사라질 운명에 처했어.

그런데 그림을 한참 바라보던 메흐메트 2세가 명령을 내렸어.

"부수기엔 아까운데… ★**석고**로 그림을 덮으면 될 것이다."

석고 밑에 감춰져 있던 모자이크화는 훗날 아름다운 모습을 다시 드러냈어. 이처럼 다른 문화를 파괴하지 않고 공존하는 지혜를 발휘한 덕분에 오스만 제국에는 이슬람, 튀르크, 비잔티움 문화 등이 자연스레 녹아들었지.

오스만 제국의 문화는 가까운 유럽의 영향도 받았어. 대표적인 예가 **세밀화**야. 세밀화는 이야기를 촘촘하게 표현한 그림으로, 역사적인 사건이나 전쟁, 평범한 일상 등 다양한 주제가 담겼지. 도자기와 카펫 위에도 세밀화가 그려졌어.

세밀화는 초기에는 페르시아의 영향으로 신이 세상을 내려다보듯 밋밋하게 그려졌지만, 나중에는 이탈리아에서 일어난 르네상스의 영향으로 원근법이 적용되어 그려졌어. 인간의 눈에 보이는 그대로 가까운 사물은 크게, 멀리 있는 사물은 작게 그리게 된 거야.

낱말 체크

★ **지명** 마을이나 지방, 지역 등의 이름.

★ **석고** 조각이나 시멘트 등의 재료로 쓰이는 석회질 광물.

오스만 제국의 도자기

튀르키예 이즈니크 지방에서 만든 도자기야. 꽃, 잎사귀 등을 표현한 아라베스크 무늬가 흰색, 푸른색, 빨간색, 옥색으로 채색되어 있지. 오스만 제국은 도자기 만드는 기술이 뛰어났는데, 이슬람 사원의 내부도 도자기 타일로 장식되어 보석처럼 반짝였어.

▶ 유럽을 사로잡은 오스만 제국의 튤립과 커피 ▼

16세기에 오스만 제국에 파견된 오스트리아 빈 대사는 튤립의 알뿌리를 자기 나라로 가져갔어. 그 후 네덜란드에서 튤립이 재배되면서 유럽에 튤립 열풍이 불었지. 커피는 아라비아반도 남부에서 즐기기 시작했지만, 커피를 즐기는 문화는 오스만 제국이 유럽에 전해 주었어. 오스만 제국은 한동안 커피 무역을 장악하고 많은 돈을 벌었지.

쏙쏙 퀴즈 | 맞으면 O, 틀리면 X

1 오스만 제국은 성 소피아 대성당에 있는 크리스트교의 문화를 모두 파괴하였다. ☐

2 오스만 제국의 세밀화는 초기에는 밋밋했다가 점점 원근법이 적용되었다. ☐

아시아와 유럽에 걸쳐 있는 도시, 이스탄불

이스탄불은 좁고 긴 바다로 나뉘어 있어. 이 바다가 바로 보스포루스 해협이야. 해협의 동쪽은 아시아, 서쪽은 유럽으로 분류하지. 두 대륙에 걸쳐 있기 때문에 자연히 이스탄불에는 동서 문화가 어우러져 있어. 가장 대표적인 곳은 성 소피아 모스크야.

성 소피아 모스크 내부 ▼

술탄 아흐메트 사원의 천정 ▼

이곳에는 원래 크리스트교의 오래된 성당이 있었어. 유스티니아누스 황제가 재건한 후 그리스 정교의 성당으로 쓰였지. 그러다가 오스만 제국 때 이슬람 사원인 모스크가 되었어. 내부로 들어가면 비잔티움 제국의 모자이크화와 이슬람 성인들의 이름이 아랍어로 적힌 까만 원판을 볼 수 있지. 크리스트교와 이슬람교의 문화가 공존하는 곳이야.

성 소피아 모스크 맞은편에 있는 크지막한 사원은 17세기 아흐메트 1세가 지은 사원이야. 아라베스크 무늬가 새겨진 파란 타일이 인상적이어서 '블루 모스크'라고 불려. 파란 타일, 스테인드글라스, 햇빛이 어우러진 환상적인 분위기가 일품이지.

아흐메트 1세는 성 소피아 모스크보다 더 근사한 사원을 짓고 싶어 했어. '미나렛'이라는 뾰족한 탑을 황금으로 만들라고 명령했는데, 건축가들이 그 말을 잘못 알아듣고 미나렛을 여섯 개나 만들었대. 숫자 6과 황금을 뜻하는 튀르키예어가 발음이 비슷해서 오해가 생겼다고 해.

성 소피아 모스크와 술탄 아흐메트 사원(블루 모스크)

톱카프 궁전 ▼

오스만 제국은 술탄이 사는 궁전을 짓고 보스포루스 해협을 향해 대포를 놓아 궁전을 수비했어. 이 궁전은 대포를 뜻하는 '톱', 궁전을 뜻하는 '카프'가 합쳐져 톱카프 궁전이라 불려.
전성기에 수천 명이 살았을 정도로 거대한 궁전이지만 겉모습은 소박해. 오늘날엔 박물관으로 공개되어 있는데, 에메랄드 세 개가 박힌 단검을 비롯한 다양한 보물과 수많은 방들이 관광객의 감탄을 자아내곤 해.

돌마바흐체 궁전 ▼

19세기에 지어진 돌마바흐체 궁전은 프랑스 베르사유 궁전을 본떠 화려하게 지어졌어. 영국 빅토리아 여왕이 보낸 수정 샹들리에가 홀에 매달려 있지.

▼ 그랜드 바자르

이스탄불은 수많은 사람으로 북적대고, 동서양의 상품이 사고 팔리는 국제도시었어. 지금도 그랜드 바자르에는 전 세계의 온갖 상품이 모여 있지. 거대한 이 시장은 가게가 워낙 많고 출입구도 여러 개라, 한번 들어가면 길을 잃기 십상이래. 오스만 제국의 술탄들이 좋아했다는 보석함, 실용적이면서도 화려한 카펫, 아라베스크 무늬 등이 새겨진 도자기는 지금도 인기가 대단해.

91 인도로 이슬람 세력이 밀려들다

#가즈니 왕조
#구르 왕조 #델리
#델리 술탄 왕조
#이슬람vs힌두_신들의전쟁

굽타 왕조가 사라진 후 인도는 크고 작은 여러 나라로 나뉘어 있었어. 그런데 8세기부터 북서쪽에서 이슬람 세력이 자꾸 쳐들어왔지.
"신들이 우리를 지켜 줄 것이다. 용감한 전사들이여, 외적을 물리치자!"

인도에 살고 있던 사람들은 맹렬히 맞서 싸웠어. 이슬람 세력은 오늘날 파키스탄 지역까지 들어왔지만 인도의 중심부까지는 내려가지 못하고 그곳에 한동안 머물렀지.

하지만 세월이 흐르면서 이슬람 세력은 인도 사람들이 저항할 수 없을 만큼 강해졌어. 10세기 무렵 이슬람교를 믿게 된 튀르크인은 아프가니스탄 지역에 **가즈니 왕조**를 세웠는데, 가즈니 왕조는 풍요로운 인도에 *눈독을 들이고 걸핏하면 쳐들어왔어. 값진 물건을 빼앗

거나 인도 사람들을 끌고 가 노예로 팔고, 힌두교 사원을 마구 부수었지.

폭력과 약탈을 일삼던 가즈니 왕조가 몰락한 이후에도 이슬람 세력의 인도 침입은 멈추지 않았어. 이후 아프가니스탄과 북인도 지역을 차지한 **구르 왕조**도 인도를 침략했지. 결국 인도 북부에 있는 **델리**가 이슬람 세력의 수중에 들어갔어.

"내가 술탄으로서 이곳을 다스릴 것이다."

1206년 구르 왕조 술탄의 부하였던 **아이바크**는 이렇게 선언했어. 인도 최초로 이슬람 왕조가 세워진 거야. 이후 델리를 중심으로 약 300년 동안 여러 이슬람 왕조가 세워져서 인도 북부를 다스렸지. 이 나라들을 하나로 묶어 **델리 술탄 왕조**라 불러.

술탄들은 인도에 있던 사원들을 부수고 거기서 나온 건축용 자재로 이슬람 사원을 지었어. 엄청 높은 탑도 세워 힘을 과시했지. 그러면서 알라의 가르침을 인도 사람들에게 전했어.

"신은 알라 하나뿐이다. 알라 앞에는 모두가 평등하다."

카스트의 차별에 ★진력났거나, 이슬람 세력에 빌붙어 출세하려는 사람들은 이슬람교로 종교를 바꾸었어. 하지만 대부분의 인도 사람들은 오래도록 믿어 온 힌두교를 버리지 않았지. 술탄들도 수가 압도적으로 많은 힌두교도들을 인정할 수밖에 없었어. 그래서 세금만 제대로 내면 불이익을 주지 않았고, 지방의 자치도 어느 정도 인정해 주었어.

낱말 체크

★ **눈독을 들이다** 욕심을 내어 눈여겨보다.

★ **진력나다** 오랫동안 또는 여러 번 하여 힘이 다 빠지다.

쿠트브 미나르

이슬람 세력이 델리 정복을 기념하기 위해 세운 거대한 탑이야. 델리 술탄 왕조는 높이가 72.5m나 되는 이 탑으로 이슬람교의 힘을 과시했어. 이 탑에는 이슬람 경전인 《쿠란》의 구절들이 촘촘히 새겨져 있어.

▶ 인도 남부에서 발전한 힌두 왕조

델리 술탄 왕조가 인도 북부를 다스리는 동안, 남쪽에서는 촐라 왕조, 비자야나가르 왕조 등 다양한 힌두교 국가들이 발전했어. 이 왕조들은 이슬람 세력권 밖에서 순수한 힌두 문화를 꽃피웠지. 그리고 삼면이 바다로 둘러싸인 이점을 살려 해상 무역으로 큰돈을 벌었어.

촐라 왕조의 힌두교 사원(인도 탄조르)

쏙쏙 퀴즈 · 맞으면 O, 틀리면 X

1 가즈니 왕조는 인도의 문화를 존중해 주며 평화롭게 다스리려고 했다.

2 인도에 최초로 세워진 이슬람 왕조는 가즈니 왕조이다.

 16~17세기 서아시아

92 무굴 제국이 강대국으로 발전하다

#바부르 #무굴 제국
#아크바르 황제
#종교 화합 정책
#강대국의조건은화합!

한편 오늘날 아프가니스탄 지역에서 힘을 키우던 사람이 있었어. 중앙아시아의 용감한 정복자 티무르의 피를 물려받은 후손, **바부르**였지. 세력을 키운 바부르는 인도로 쳐들어왔어. 델리 술탄 왕조는 군대를 총동원하고 수많은 코끼리를 앞세워 바부르의 군대에 맞섰지.

그런데 펑! 펑! 하는 엄청나게 큰 소리가 들리면서 땅이 들썩들썩한 거야.

"대포의 위력을 보여 주마!"

바부르의 군대가 쏜 대포 소리였지. 인도의 병사들은 신무기에 대항할 수 없었어. 인도의 병사들이 정신없이 허겁지겁 도망치자 코끼리들도 마구 날뛰며 흩어졌어. 그렇게 델리 술탄 왕조와의 싸움에서 큰 승리를 거둔 바부르는 1526년 **무굴 제국**을 세웠지. 무굴은 '몽골'

을 뜻해.

"나는 위대한 칭기즈 칸과 티무르의 후손이다. '무굴'을 나라 이름으로 정하노라."

비록 바부르는 인도를 정복한 후 몇 년밖에 통치하지 못했지만, 무굴 제국이 가야 할 길을 유언으로 남겨 놓았어. 백성들의 다양한 종교를 존중해 제국의 평화를 이루라는 ★당부였지. 이 유언은 바부르의 손자 **아크바르 황제** 때 실현되었어.

"종교를 어찌 강제로 바꿀 수 있겠는가? 무굴 제국에서는 모두가 평화롭게 살아야 할 것이다."

아크바르 황제는 이슬람교를 믿었지만 백성의 대다수인 힌두교도의 마음을 사로잡는 데 힘썼어. 이슬람교도가 아닌 사람들에게 거두던 세금을 없애고, 힌두교도들을 높은 관직에 앉혔지. 힌두교에서 ★숭상하는 소를 죽이는 일도 금했어. 게다가 황제 자신은 힌두교를 믿는 공주와 결혼해 이슬람교와 힌두교의 화합을 몸소 실천했지.

이렇게 **화합을 도모한 정책**에 힘입어 무굴 제국은 강대국으로 발전했어. 아크바르 황제는 정복 전쟁을 통해 영토를 크게 늘렸고, 토지·세금 제도 등의 개혁도 과감히 밀어붙였지. 아크바르 황제가 죽고 나서도 무굴 제국은 한동안 번영했어. 다른 나라와의 무역이 활발했고, 상업도 발달했지. 인도양 한복판에 있어 해상 무역에 유리한 데다, 면직물을 비롯한 인도 제품이 큰 인기를 끌었기 때문이야.

낱말 체크

★ **당부** 말로 단단히 부탁함.
★ **숭상** 높여 소중히 여김.

아그라성

뉴델리 남쪽에 있는 아그라는 약 100년 동안 무굴 제국의 수도였어. 이곳에는 두터운 성벽이 길게 이어져 있지. 그 안에는 아크바르 황제가 아들 자한기르를 위해 지은 궁전을 비롯해, 화려한 궁전과 모스크, 아름다운 정원 등이 있어.

▶ 여러 문화가 뒤섞인 인도의 쌀 요리 '비리야니'

중앙아시아 유목민들은 쌀에 여러 재료를 섞어 뚝딱뚝딱 필래프를 해 먹었어. 이렇게 소박한 음식이었던 필래프는 페르시아 궁정에서 고급화된 다음, 무굴 제국으로 건너와 다시 변화를 겪었지. 인도의 강렬한 향신료와 어우러져 '비리야니'가 만들어진 거야.

쏙쏙 퀴즈 - 맞는 것 고르기

1 (티무르/바부르)는 무굴 제국을 세웠다.

2 아크바르 황제는 이슬람교와 힌두교 두 종교를 (화합/분리)하는 정책을 취하였다.

93 힌두 문화와 이슬람 문화가 합쳐지다

#샤자한 황제
#뭄타즈 마할 #타지마할
#아우랑제브 황제
#깊은사랑이최고의건축물로!

무굴 제국의 5대 황제 **샤자한**은 왕비를 무척 사랑했어. 그래서 왕비를 '왕궁에서 가장 고귀한 사람'이라는 뜻의 '뭄타즈 마할'이라 불렀지. 전쟁터에까지 왕비를 데려갈 만큼, 샤자한은 왕비와 한시라도 떨어져 있지 않으려 했어. 20년을 그렇게 알콩달콩 살았는데, 뭄타즈 마할이 열네 번째 아이를 낳다가 죽고 말았지.

"나를 두고 혼자 가다니…. 그대를 위해 세상에서 가장 아름다운 무덤을 만들겠소."

샤자한은 가슴이 찢어질 듯 슬펐지만 눈물을 닦고, 왕비의 무덤을 건설할 준비에 들어갔어. 유명한 페르시아 건축가를 데려와 설계를 맡기고, 솜씨 좋기로 소문난 ★장인들도 여러 나라에서 불러왔지. 이렇게 시작된 무덤 공사는 20년이 넘도록 이어졌어. 날마다 2만 명이

넘는 사람들과 수많은 코끼리가 공사에 동원되었다고 해. 물론 공사비도 엄청났어.

드디어 완성된 무덤, **타지마할**은 꼭 새하얀 궁전 같아. 하얀 대리석을 건축 자재로 사용했고, 건물 벽은 갖가지 보석으로 장식한 뒤 아름다운 무늬를 새겨 넣었거든. 가장 놀라운 점은 타지마할 건물과 정원이 ★좌우 대칭이라는 사실이야. 힌두 문화와 이슬람 문화가 자연스레 스며들어 있는 점도 높이 평가되고 있어.

하지만 타지마할을 건설한 샤자한의 말년은 몹시 쓸쓸했어. 셋째 아들 **아우랑제브**가 반란을 일으켜 아버지인 샤자한을 탑에 가두어 버린 거야. 샤자한은 탑에 갇힌 채 타지마할을 하염없이 바라보며 남은 인생을 보냈다고 해.

아버지를 쫓아낼 만큼 야심이 컸던 아우랑제브 황제는 무굴 제국의 영토를 최대한 넓혔어. 그는 제법 성실하고 유능한 황제였지만, 다양한 종교에 대한 이해심은 부족했지.

종교의 다양성을 존중했던 아크바르 황제와 달리, 아우랑제브 황제는 무굴 제국을 이슬람 국가로 되돌리는 데 힘을 쏟았어. 이슬람교를 믿지 않는 사람들에게 다시 세금을 거두었고, 힌두교 사원들을 파괴했지. 이 때문에 반란이 빗발치듯 일어난 데다, 서양 세력도 자꾸 쳐들어오는 바람에 무굴 제국은 위기에 처하고 말아.

낱말 체크

★ **장인** 손으로 만드는 일이 직업인 사람.

★ **좌우 대칭** 반으로 나누었을 때, 왼쪽과 오른쪽이 똑같은 모양을 하고 있음.

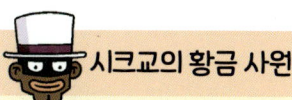

시크교의 황금 사원

무굴 제국 때 힌두교와 이슬람교가 섞인 시크교가 생겨났어. 시크교는 인도 북서부에서 나나크라는 사람에 의해 창시되었는데, 나나크는 이슬람교와 힌두교의 교리를 두루 조화시켜 많은 사람의 지지를 얻었지. 시크교는 오늘날도 3천만 명 가까운 사람이 믿는 종교야. 시크교의 중심지인 암리차르 황금 사원은 특히 화려한 모습으로 유명해.

▶ 타지마할에 나타난 힌두 문화와 이슬람 문화 ▼

이슬람 세력이 인도에 들어온 후 서서히 진행된 이슬람 문화와 힌두 문화의 조화는 타지마할에서 절정을 이루었어. 돔과 미나렛, 아라베스크 무늬, 벽에 새겨진 《쿠란》 등은 이슬람 문화를, 하얀 대리석과 연꽃무늬, 그리고 '차도리'라는 작은 탑 등은 힌두 문화를 보여 줘.

벽면에 새겨진 《쿠란》 / 입구의 연꽃무늬

쏙쏙 퀴즈 — 맞으면 O, 틀리면 X

1 샤자한은 자기 자신을 너무 사랑하여 자신의 무덤으로 타지마할을 만들었다.

2 아우랑제브 황제는 무굴 제국을 이슬람 국가로 되돌리기 위해 다른 종교를 억압했다.

15~16세기 유럽

94 유럽 사람들이 새로운 바닷길을 개척하다

#동방 무역 #향신료
#바스쿠 다 가마
#콜럼버스 #마젤란
#지구는둥그니까~

오래전부터 유럽 사람들은 동방에서 생산되는 비단과 **향신료** 등을 무척 좋아했어. 특히 고기를 더 맛나게 해 주는 후추와 같은 향신료의 인기가 대단했지. 하지만 향신료는 아주 비쌌어. 험난한 실크 로드를 오가는 이슬람 상인들과 지중해 무역을 ★독점한 이탈리아 상인들이 가격을 올렸기 때문이야.

지리 지식이 쌓이고 항해술이 발달할수록 유럽 사람들은 동방으로 가는 새로운 바닷길을 찾고 싶어졌어. 세계 지도도 점점 실제와 가까워졌고, 먼바다를 항해하는 데 필요한 기술과 기구도 발전했지.

"바닷길을 개척해 향신료를 직접 사 오고, 크리스트교도 전하자."

유럽 서쪽 끝, 대서양 가까이 위치한 포르투갈과 에스파냐는 새로운 바닷길 개척의 선두에 섰어. 두 나라는 이슬람 세력의 지배를 오

래 받은 탓에 크리스트교에 대한 열정도 남달랐지.

가난한 나라였던 포르투갈은 아프리카에서 금을 가져오기 위해 일찍부터 바닷길 개척에 열을 올렸어. 수차례 항해 끝에 마침내 1488년, 바르톨로메우 디아스가 아프리카 남쪽 끝, 희망봉에 이르렀지. 약 10년 후, 바스쿠 다 가마가 희망봉을 돌아 드디어 인도에 도착했어.

한편 포르투갈이 바닷길 개척에 앞서 나가자 에스파냐는 마음이 다급해졌어. 이때 그 유명한 콜럼버스가 에스파냐를 찾아왔지.

"지구는 둥그니까 서쪽으로 쭉 가면 인도에 도착한다니까요? 저만 믿으시면 됩니다."

콜럼버스는 여러 나라에서 거절당했어. 그의 계획이 ★치밀하지 않았기 때문이야. 하지만 에스파냐는 급한 마음에 콜럼버스를 지원해 주겠다 했지. 그렇게 한 달 넘게 항해한 끝에 콜럼버스가 도달한 곳은 아메리카 대륙이었어. 하지만 그는 죽을 때까지도 자신이 발견한 땅이 인도라고 믿었지. 약 30년 뒤에는 마젤란 일행이 최초로 세계 일주에 성공하고 거의 3년 만에 에스파냐로 돌아왔어.

새로운 바닷길 개척은 유럽에 큰 이익이 되었어. 아메리카의 작물인 토마토, 옥수수, 감자, 고구마, 고추 등이 전해져 식생활이 크게 바뀌었고, 금은도 대량으로 들어왔지. 하지만 아메리카 대륙에 살고 있던 사람들은 유럽의 침략에 시달리게 되었어.

★ **독점** 혼자서 모두 차지함.

★ **치밀하다** 자세하고 꼼꼼하다.

희망봉

폭풍을 뚫고 아프리카 남쪽 끝에 다다른 바르톨로메우 디아스는 그곳을 '폭풍의 곶'이라 이름 붙였어. 하지만 그 이야기를 들은 포르투갈의 국왕, 주앙 2세가 '희망봉'으로 이름을 바꾸었지. 주앙 2세의 바람대로 희망봉은 새로운 바닷길 개척의 희망이 되었어.

▶ 졸지에 '인디언'이 되어 버린 아메리카 원주민

콜럼버스가 항해 끝에 다다른 곳은 아메리카 대륙의 히스파니올라섬 일대였어. 이곳을 인도로 착각한 콜럼버스 때문에 이 일대는 '서인도 제도'라는 이름이 붙여졌어. 그리고 아메리카 원주민들은 졸지에 '인도 사람'이라는 뜻의 '인디언'이라 불리게 되었어. 나중에 이탈리아의 아메리고 베스푸치가 이곳이 인도가 아니라는 사실을 밝혀내자 대륙 이름이 그의 이름을 따 '아메리카'가 되었지.

다양한 '인디언'의 모습

맞는 것 고르기

1 포르투갈의 바스쿠 다 가마는 (희망봉/한라봉)을 돌아 인도에 도착했다.

2 콜럼버스가 도착한 곳은 (인도/아메리카) 대륙이다.

새로운 바닷길을 찾아 나선 유럽의 탐험가들

 인도로 가는 바닷길을 열어젖힌 포르투갈

엔히크 왕자

포르투갈의 왕자 엔히크는 바다 항해에 관심이 많았어. 그래서 포르투갈에 항해 학교를 세우고 오랜 시간에 걸쳐 항해사들을 키워 냈지. 그의 적극적인 지원을 받으며 포르투갈 사람들은 항해를 거듭했고, ★각고의 노력 끝에 포르투갈은 희망봉에 다다르며 신항로 개척의 선두 주자로 우뚝 설 수 있었지.

★ 각고 몸과 마음을 다해 무척 애를 씀.

포르투갈 리스본에 있는 '발견' 기념비

'항해 왕자' 엔히크를 기념하기 위해 세워졌어. 엔히크가 배의 맨 앞에 서 있고, 바닷길 개척에 나섰던 영웅들이 뒤따르고 있지.

바스쿠 다 가마

희망봉을 통과한 바스쿠 다 가마는 동아프리카에서 아랍인 항해사를 고용했어. 그는 인도의 바람과 근처 바닷길에 빠삭한 사람이었지. 덕분에 바스쿠 다 가마는 포르투갈을 떠난 지 300여 일 만에 인도 말라바르 해안에 도착했어.
바스쿠 다 가마는 인도 캘리컷의 지배자를 찾아가 향신료를 싣고 가고 싶다고 말했어.
"저희가 가져온 선물을 드릴 테니 향신료를 주세요."
포르투갈의 선물은 빨간 모자, 산호 목걸이처럼 하찮은 것뿐이었어. 금은을 좋아하는 캘리컷의 지배자는 어이없어 웃음을 터뜨렸지. 비록 원하는 만큼 향신료를 챙길 수는 없었지만, 인도 항해에 성공한 바스쿠 다 가마는 포르투갈로 돌아가 영웅으로 환영을 받았어.
이후 포르투갈의 인도 침략이 시작되었고, 다시 인도를 찾아간 바스쿠 다 가마는 캘리컷을 파괴하고 불을 질렀어. 그렇게 위협 끝에 포르투갈은 말라바르의 후추 생산과 무역 독점권을 손에 넣었지. 포르투갈의 영웅, 바스쿠 다 가마는 인도에서는 침략의 선봉에 선 악당이었어.

 서쪽으로 가는 바닷길을 개척한 에스파냐

침략의 선봉이었던 것은 콜럼버스도 마찬가지야. 그는 모험심 못지않게 신앙심이 강렬한 사람이었어. 에스파냐 이사벨 여왕에게 이런 편지를 보냈지.
"인도에 가서 그곳 사람들의 종교를 크리스트교로 바꿔 놓겠습니다."
물론 많은 재물을 얻으려는 마음도 굴뚝같았어. 하지만 그가 도착한 곳은 아메리카 대륙! 꿈꾸던 재물을 찾지 못한 그는 원주민들을 노예로 삼고 닥치는 대로 약탈했어.

콜럼버스

아메리카에 상륙한 콜럼버스

포르투갈 사람 마젤란도 에스파냐의 지원을 받아 세계 일주 항해를 떠났어.
1519년 유럽을 출발한 마젤란은 항해 중에 선원들이 반란을 일으키는 등, 여러 번 위기를 넘겼지. 마젤란은 가까스로 남아메리카 끝까지 내려가 어느 해협을 통과했는데, 이 해협은 나중에 '마젤란 해협'이라 불리게 돼.
마젤란 해협을 통과하는 동안에는 또다시 거친 바람을 헤치며 큰 고생을 했어. 몇 주 후 어느 바다에 이르러서야 폭풍이 멎었는데, 이 바다가 바로 태평양이야.
이들은 이후에 물도, 식량도 떨어져 배 안의 쥐를 잡아먹으며 항해를 계속했대. 그러다 큰 섬에 도착했고, 이곳에 에스파냐 국왕 펠리페 2세의 이름을 따 '필리핀'이라는 이름을 붙였지.
필리핀에서 마젤란은 원주민들 사이의 싸움에 휘말려 죽고 말았어. 하지만 그의 일행은 항해를 계속해 거의 3년 만에 에스파냐로 돌아왔지. 이들은 최초로 지구를 한 바퀴 돈 사람들이었어. 지구가 둥글다는 것을 증명한 거야.

마젤란

 16세기 | 유럽과 아메리카

95 유럽 사람들이 아메리카 문명을 파괴하다

#아스테카 제국
#코르테스
#잉카 제국 #피사로
#너희의부는원주민의희생

콜럼버스가 아메리카 땅을 밟은 이후, 에스파냐 사람들은 중앙아메리카를 구석구석 뒤지고 온갖 정보를 긁어모았어. 이 과정에서 멕시코 일대에 황금이 넘친다는 소문이 퍼졌지. **코르테스**는 황금을 차지해 부자가 될 생각에 눈이 벌게져서 멕시코로 쳐들어갔어.

당시 멕시코에는 거대한 **아스테카 제국**이 있었어. 하지만 아스테카 제국에 불만을 품은 사람들이 많았지. 황제가 전쟁에 패배한 부족에게 엄청난 ★공물을 요구하고, 걸핏하면 사람들을 전쟁터로 끌고 갔기 때문이야.

'흠, 저들의 불만을 이용해 아스테카 제국을 분열시키면 되겠군.'

코르테스는 멕시코 일대 사람들을 동맹군으로 만들어 함께 제국의 수도, 테노치티틀란으로 쳐들어갔어. 그리고 아스테카 제국 황제를

포로로 잡아 가두고 제국의 군사들과 전쟁을 치렀지.

"저건 무슨 괴물이지? 천둥 같은 소리는 또 뭐야?"

아스테카 제국의 군사들은 에스파냐 군인들이 탄 말을 난생처음 보고 겁에 질렸어. 대포 소리는 더욱 공포심을 자아냈지. 그들이 허둥대는 사이에 코르테스의 군대는 쉽게 아스테카 제국을 무너뜨렸어.

코르테스의 적극적인 활동에 많은 에스파냐 사람들이 부러움을 느꼈어. **피사로**도 그중 하나였지. 피사로는 군인들을 이끌고 남아메리카 페루로 향했어. 당시 페루에는 풍요로운 **잉카 제국**이 있었어.

잉카 황제는 호화로운 가마 위에 앉아 피사로 일행을 맞이했어. 하지만 피사로의 군대는 잽싸게 잉카 제국 군사들을 물리치고 황제를 사로잡았지.

"이 방을 금은으로 가득 채워 줄 테니 나를 풀어 주시오."

피사로의 군대에 붙잡힌 잉카 제국 황제는 목숨을 건지기 위해 어마어마한 양의 보물을 주겠다고 약속했어. 황제의 말이 떨어지자마자 그가 갇힌 방으로 매일같이 금은이 쏟아져 들어왔지. 하지만 피사로는 금은만 챙기고 잉카 제국 황제를 죽이고 말아. 이렇게 잉카 제국도 에스파냐 군대에 ★**무력하게** 무너지고 말았지.

아스테카와 잉카 제국이 멸망한 후 유럽 사람들은 아메리카에서 많은 양의 금은을 캐내어 부강해졌어. 반대로 아메리카 원주민들은 땅속 깊은 곳까지 내려가 금은을 캐내며 중노동에 시달렸지.

낱말 체크

★ **공물** 힘이 약한 나라가 힘이 센 나라에게 바치던 물건.

★ **무력하다** 힘이 없다.

포토시 은광

《페루 연대기》에 실린 1550년 경 포토시 은광의 모습이야. 유럽은 아메리카 곳곳에 이처럼 광산을 개발했어. 무엇보다 안데스산지의 춥고 황량한 포토시에 풍부한 은이 묻혀 있었지. 은을 캐는 노동에 시달리던 원주민들에게는 지옥 같은 곳이었어.

잉카 제국이 남긴 마추픽추

페루 중남부 안데스산맥에는 잉카 제국의 대표적인 유적 '마추픽추'가 남아 있어. 마추픽추는 해발 2400m가 넘는 깎아지른 산지에 커다란 돌을 쌓아서 만든 정교한 건축물들이 있어 놀라움을 자아내는 곳이지.

쏙쏙 퀴즈 맞으면 O, 틀리면 X

1 코르테스는 군대를 동원해 아스테카 제국을 무너뜨렸다.

2 피사로는 잉카 제국이 주는 보물을 받고 황제를 살려 주었다.

 16~18세기 　유럽과 아메리카

96 노예 무역으로 아프리카 사람들이 희생되다

#사탕수수 농장 #설탕
#아프리카 노예 무역
#삼각 무역
#사람을짐짝처럼대하던시대

아메리카에서 신나게 금은을 캐내 부를 축적한 유럽 사람들은 이제 떼돈을 벌 수 있는 또 다른 일을 생각해 냈어.

"이렇게 푹푹 찌는 날씨라면 사탕수수도 잘 자라겠지?"

과연 사탕수수는 무럭무럭 자랐어. 유럽 사람들은 환호성을 질렀지. 당시 **설탕**은 너무 귀해서 왕족이나 귀족만이 맛볼 수 있었는데, 이제 아메리카에서 직접 사탕수수를 재배해 설탕을 잔뜩 생산할 수 있게 된 거야.

서인도 제도, 중앙아메리카 지역, 브라질 북동부 지역 등은 사탕수수뿐 아니라 커피와 담배 등을 재배하기에도 안성맞춤이었어. 그래서 유럽 사람들은 이 지역에 커다란 농장을 여럿 건설했지.

"그런데 일할 사람을 어디서 구해 온담?"

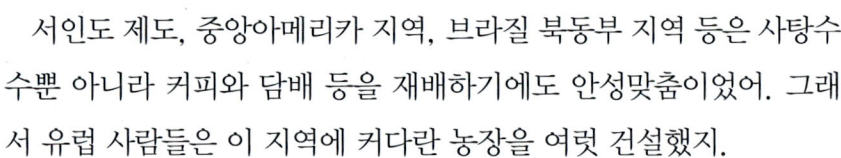

문제는 턱없이 부족한 일손이었어. 아메리카 원주민들이 대부분 전염병에 걸리거나 중노동에 시달리다가 죽었기 때문이야. 이 문제는 아프리카에서 **노예**를 잔뜩 사 오는 것으로 해결됐어. 이 시기에 천만 명이 넘는 아프리카 흑인이 아메리카에 노예로 끌려왔지. '노예'는 옛날부터 세계 곳곳에 있었지만, 이때처럼 엄청난 규모의 노예가 다른 지역으로 강제로 이주되어 온 적은 없었지. 16세기부터 약 300년 동안 유럽 사람들은 대규모 '**노예 무역**'을 행했어.

유럽 상인들은 아프리카 사람들에게 인도의 고급 면직물, 유럽에서 만든 총, 독한 술 등을 팔고 노예를 샀어. 그렇게 노예를 한가득 배에 싣고 아메리카로 와 농장주에게 팔았지. 그리고 아메리카에서 생산된 설탕, 담배 등을 유럽에 팔았어. 이렇게 유럽과 아프리카, 아메리카 지역을 오가며 이루어진 무역을 **삼각 무역**이라고 해.

아프리카의 흑인들은 꽁꽁 묶인 채 끌려와 작은 배에 실렸어. 유럽 상인들은 돈 벌 욕심에 최대한 많은 흑인들을 배에 태웠지. 너무 많이 실어서 도중에 노예를 바다에 던져 버리기도 했어. 지옥 같은 배 안에서 가까스로 살아남았더라도, 아메리카에서 그들을 기다리는 것은 사정없이 내리치는 매질과 살인적인 노동이었지. 이후에 이러한 충격적인 ★**실태**가 알려지고 나서야 노예 무역은 점차 사라지게 되었어.

낱말 체크

★ **실태** 실제 상태.

리우 카니발

브라질에 끌려온 아프리카 흑인들은 정열적인 춤을 추며 스트레스를 날려 버렸어. 여기서 유래한 '삼바'는 브라질 리우데자네이루에서 열리는 축제 리우 카니발에서 볼 수 있지. 리우 카니발은 브라질에 건너온 포르투갈 사람들이 즐기던 축제 카니발에, 아프리카 흑인들의 음악과 춤이 어우러져 발전한 축제야.

흑인들을 가득 싣고 대서양을 건넌 배

노예로 끌려가는 흑인들은 옆 사람과 다닥다닥 빼곡하게 붙은 채 대서양을 건넜어. 대소변은 배의 일부 장소에서만 볼 수 있었는데 몸이 사슬에 묶여 있어 이동하기가 어려웠지. 그래서 대소변 위에 누워 있는 끔찍한 상황도 감수해야 했어. 음식과 물도 충분하지 않은 데다 공기도 안 좋아서 가는 도중 많은 사람들이 목숨을 잃기도 했어.

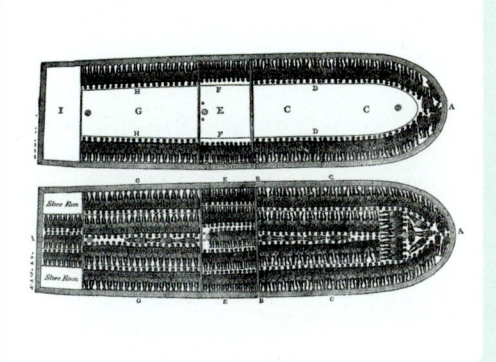

'노예선' 내부 모습

쏙쏙 퀴즈 — 맞으면 O, 틀리면 X

1 아메리카 대농장의 부족한 일손은 원주민으로 충분히 채워졌다. ☐

2 유럽, 아프리카, 아메리카 지역을 오고 간 무역을 삼각 무역이라 한다. ☐

유럽의 막강한 가문, 합스부르크가

스위스의 작은 가문에서 신성 로마 제국 황제를 배출하다

스위스에 남아 있는 합스부르크 성

유럽 사람들이 새로운 바닷길로 한창 세력을 뻗어 나갈 무렵, 유럽에는 합스부르크라는 막강한 가문이 있었어. 스위스 북동부 작은 성에 사는 합스부르크 백작으로부터 시작됐지. 그렇게 합스부르크가는 처음에는 보잘것없던 가문이었어.

그런데 1273년, 합스부르크가의 운명을 바꾸는 사건이 일어났어. 합스부르크 백작 루돌프 1세가 신성 로마 제국 황제로 선출된 거야.

"루돌프는 늙은 데다 돈도 별로 없잖아. 꼭두각시로 제격이야."

★선제후들은 루돌프가 꼭두각시 황제가 될 거라고 예상했지. 그런데 웬걸, 루돌프 1세는 숨겨뒀던 야심과 능력을 한껏 펼쳤어. 전쟁터에서 큰 승리도 거두었지. 그렇게 영토를 넓혀 합스부르크가의 본거지는 스위스에서 오스트리아로 옮겨 갔어.

★ **선제후** 신성 로마 제국 황제를 선출하는 일곱 명의 제후.

정략결혼으로 세력을 키우다

합스부르크가가 신성 로마 제국 황제 자리를 안정적으로 차지하기까지는 150년 넘는 시간이 걸렸어. 주로 ★정략결혼으로 가문을 키웠지.

막시밀리안 1세 때 그의 아버지는 전쟁하지 않고도 땅을 늘릴 방법을 생각해 냈어. 아들이 없는 가문에 막시밀리안 1세를 사위로 장가보냈지.

"아들, 내가 시키는 대로 해라. 우리 가문의 땅을 늘릴 좋은 기회다."

★장인어른이 죽자, 막시밀리안 1세는 호박이 넝쿨째로 굴러떨어지듯 땅을 거저 차지했어.

막시밀리안 1세도 아버지에게 배운 대로 정략결혼에 열을 올렸어. 아들딸은 물론 손자 손녀까지 정략결혼을 시켜 영토를 크게 넓혔지. 물론 정략결혼을 한다고 해서 땅이 저절로 넘어오는 것은 아니었어. 시집간 딸과 손녀가 땅을 물려받

★ **정략결혼** 이익을 위해 당사자의 생각과 상관없이 시키는 결혼.

★ **장인어른** 아내의 아버지.

을 아들을 낳는다면 달라질 수 있는 상황이었지. 용하게도 그런 일이 일어나지 않은 덕분에 합스부르크가의 영토는 자꾸만 늘어났어. 전쟁터에서 피 터지게 싸우지 않고도 결혼을 통해 넓은 땅을 꿀꺽 집어삼킨 거야.

막시밀리안 1세의 초상화(뒤러)

막시밀리안 1세는 자신의 얼굴을 유럽에 널리 알리기 위해 수천 점의 초상화를 그리게 했다고 해. 그림 왼쪽 위에는 합스부르크가를 상징하는 황제의 관을 쓴 머리가 둘 달린 독수리가 그려져 있어. 막시밀리안 1세는 손에 석류를 손에 들고 있지. 단단한 껍질 속에 씨가 빽빽이 들어찬 석류는 풍요와 ★결속을 상징해.

★ 결속 서로 단결함.

 ## 둘로 나뉜 합스부르크가의 영토

신성 로마 제국의 황제, 카를 5세는 유럽 역사상 가장 많은 직함을 갖게 되었어. 에스파냐 왕, 독일 왕, 헝가리 왕 등, 왕관만 17개였다고 해.

카를 5세는 왕위에서 물러나면서 에스파냐와 네덜란드, 해외 영토는 아들 펠리페 2세에게, 신성 로마 제국을 포함한 독일-오스트리아 관련 땅은 남동생 페르디난트 1세에게 물려주었어. 그 결과 합스부르크가의 영토는 둘로 나뉘었지. 하지만 합스부르크가는 신성 로마 제국이 멸망한 19세기 초까지 황제 자리를 세습하며 유럽 최고의 가문으로 명성을 날렸어.

티치아노가 그린 카를 5세의 기마상

1547년 독일 밀베르크에서 개신교 동맹군을 무찌른 것을 축하하며 이듬해 완성한 그림이야. 카를 5세는 뛰쳐나가려는 말을 제지하면서 먼 곳을 바라보고 있지.

벨라스케스가 그린 <시녀들> 속 마르가리타 테레사

가운데 있는 여자아이가 에스파냐의 공주 마르가리타 테레사야. 합스부르크가에서 태어나 삼촌인 신성 로마 제국 황제 레오폴트 1세에게 시집갔어.

 16세기 유럽

97 에스파냐의 무적함대가 오스만 제국을 격파하다

#펠리페 2세 #가톨릭 수호
#레판토 해전 #무적함대
#전쟁 비용 탕진 #경제 쇠퇴
#무적함대는돈쓰는것도무적!

에스파냐는 드넓은 영토와 아메리카에서 실어 오는 금은보화로 단박에 강대국이 되었어. 그리고 **펠리페 2세** 때 황금기를 맞이했지.

그런데 펠리페 2세는 가톨릭 신앙이 아주 확고한 사람이었어. 에스파냐의 개신교도들을 불태워 죽이고, 이슬람교도와 유대인을 쫓아내거나 가톨릭으로 종교를 바꾸게 했지.

"가톨릭 외에 다른 종교를 믿는 사람들은 내 땅에서 나가라!"

이렇게 에스파냐는 유럽 사회에서 가톨릭을 지키는 임무를 떠맡았어. 따라서 유럽 쪽으로 세력을 확장하던 이슬람 강국, 오스만 제국과의 전쟁은 피할 수 없었지. 펠리페 2세는 교황과 동맹을 맺고 베네치아, 제노바 등과 함께 가톨릭 연합 함대를 꾸렸어.

1571년 10월 7일, 드디어 결전의 날. 에스파냐 연합 함대와 오스

만 제국의 군함들은 전투를 치르기 위해 지중해로 나아갔어. 두 함대가 맞닥뜨린 곳은 그리스의 앞바다, 레판토였지. 오스만 제국이 ★공포탄을 쏘자, 기다렸다는 듯 에스파냐 함대의 공격이 시작됐어.

"대포 발사! 모두 공격!"

에스파냐의 군함들은 대포알을 다시 넣을 시간을 확보하기 위해 한 차례 대포를 쏜 다음 바로 반대쪽 대포를 발사했어. 그렇게 맹공격을 퍼부은 후, 적선으로 건너가 오스만 병사들과 맞붙은 에스파냐의 병사들은 마침내 승리를 거머쥐었지.

오스만 제국이라면 치를 떨던 유럽 사람들은 **레판토 해전** 승리 소식에 기뻐 날뛰었어. 에스파냐 함대는 **무적함대**라는 자랑스러운 별명을 얻었지. 에스파냐는 유럽 최고의 강국으로서 위세를 떨쳤어.

합스부르크가 출신답게, 펠리페 2세 또한 정략결혼을 통해 에스파냐의 세력을 확대했어. 포르투갈, 영국, 프랑스, 오스트리아 왕의 딸과 자그마치 네 번이나 결혼한 거야. 그 결과 동맹국도 얻고 땅도 늘어났지.

하지만 에스파냐는 곧 내리막길을 걷게 돼. 금은보화로 넘치던 돈이 전쟁 비용으로 쓰이면서 나라 밖으로 줄줄 흘러 나갔거든. 게다가 은행가, 상인 등으로 활동하던 유대인들이 추방되어 경제도 점점 쇠퇴했어.

낱말 체크

★ **공포탄** 적을 위협하거나 신호하기 위해 소리만 내는 탄환.

엘에스코리알 궁전

펠리페 2세가 아버지 카를 5세를 기리기 위해 에스파냐 마드리드 외곽에 지었어. 이 궁전에는 왕실 거주지와 지하 봉안당, 성당, 수도원, 학교, 그리고 성스러운 물건들이 보관된 박물관이 있지. 전시된 프레스코화들이 인상적이야. 이 궁전은 에스파냐계 합스부르크가를 위한 성스러운 공간이었어.

▶ '피의 메리'와 결혼한 펠리페 2세

펠리페 2세의 두 번째 부인은 개신교도를 박해해 '피의 메리'라고도 불린 영국의 메리 1세였어. 종교에 관해서라면 두 사람은 찰떡궁합이었지. 펠리페 2세는 큼지막한 진주에 다이아몬드까지 달아 선물하면서 메리 1세의 마음을 사로잡았어. 그러나 메리 1세가 자식을 낳지 못하자, 펠리페 2세는 곧바로 새로운 신붓감을 찾는 데 몰두했어.

펠리페 2세와 메리 1세

쏙쏙 퀴즈 - 맞는 것 고르기

1 에스파냐의 펠리페 2세는 (가톨릭/개신교)만 정식 종교로 인정하였다.

2 에스파냐의 군함은 (슈퍼함대/무적함대)라는 별명을 얻었다.

 16세기 유럽

98 영국이 에스파냐를 꺾고 바다를 차지하다

#엘리자베스 1세
#해적 #프랜시스 드레이크
#강력한 해군 #무적함대 격파
#나는국가와결혼했다

천하의 에스파냐 무적함대도 겁내는 것이 하나 있었어. 바로 **해적**이야. 당시 유럽 국가들은 해적질을 눈감아 주고 은근히 부추겼어.

"아메리카에 갔다 오는 에스파냐 배를 털었다고? 정말 잘했군!"

해적이 적국의 배를 공격하면 그보다 통쾌한 일이 없었고, 재물을 빼앗아 오면 국가 경제에 도움이 되었기 때문이야.

영국의 여왕 **엘리자베스 1세**도 해적을 적극 지원했어. 특히 해적왕이라고 불린 **프랜시스 드레이크**가 어마어마한 금은보화를 약탈해 영국에 바치자, 엘리자베스 1세는 드레이크를 칭찬하며 그에게 기사★작위를 내렸지. 당연히 에스파냐의 펠리페 2세는 노발대발하며 항의했어.

"우리 배가 약탈당한 게 한두 번이 아니오. 당장 드레이크 놈을 처

벌하시오."

하지만 엘리자베스 1세는 시치미를 뚝 떼며 해적을 어떻게 통제하겠냐며 발뺌했어. 펠리페 2세가 화난 데는 또 다른 이유가 있었는데, 바로 엘리자베스 1세에게 청혼했다가 거절당했던 거야.

게다가 영국은 에스파냐의 지배를 받고 있던 네덜란드의 독립을 돕기 위해 지원군을 보내기까지 했어. 화가 머리끝까지 난 펠리페 2세는 영국부터 혼쭐을 내 주기로 결심했지.

1588년, 드디어 에스파냐의 무적함대가 영국으로 쳐들어왔어. 엘리자베스 1세는 초조한 마음으로 상황을 지켜보면서도, **강력한 해군**과 성능 좋은 대포, 그리고 용감무쌍한 드레이크를 믿고 있었지.

깊은 밤, 영국은 불붙은 배들을 띄워 무적함대 쪽으로 보냈어. 무적함대는 초승달처럼 반달 모양으로 ★대열을 이루었는데, 불붙은 배로 인해 이 대열이 흐트러졌지. 무적함대가 혼란스러워하는 틈을 타 영국 해군은 공격을 퍼부었어.

무적함대를 격파한 영국은 유럽의 새로운 강국으로 떠올랐어. 바다를 마음껏 오가며 영국의 식민지를 늘려 나갔고, 영국인들의 자부심은 하늘을 찔렀지. 영국을 승리로 이끈 엘리자베스 1세는 이후에도 그 누구의 청혼도 받아 주지 않은 채 독신으로 생을 마감했어. 대신 나랏일에 몰두하여 영국을 더 강대국으로 성장시키는 발판을 마련했지.

낱말 체크

★ 작위 귀족의 계급.
★ 대열 줄을 지어 늘어선 행렬.

해적 드레이크의 세계 일주

1577년 드레이크는 향신료가 많이 나는 인도네시아 말루쿠 제도를 향해 떠났어. 그는 마젤란 해협까지 갔다가 북쪽으로 가면서 에스파냐의 식민지와 항구를 닥치는 대로 약탈했지. 그러고는 태평양으로 계속 배를 몰아 말루쿠 제도에서 향신료를 싣고 영국으로 돌아왔어. 엉겁결에 마젤란 일행에 이어 두 번째로, 영국인으로서는 최초로 세계를 일주한 사람이 되었지.

▶ 죽을 때까지 곱게 화장한 엘리자베스 1세

엘리자베스 1세는 왕위를 물려줄 자식이 없었기 때문에 자신이 오래 젊음을 유지해야 나라가 안정될 것이라고 생각했어. 그래서 초상화를 그릴 때 늙은 모습을 감추게 하고, 언제나 젊어 보이기 위해 열심히 화장했지. 70세의 나이로 세상을 떠나던 순간에도 입술연지를 두껍게 바르고 있었대.

쏙쏙 퀴즈 — 맞으면 O, 틀리면 X

1 프랜시스 드레이크는 산적 행위로 얻은 보물을 영국에 바쳤다.

2 에스파냐는 무적함대로 영국의 해군을 단숨에 격파했다.

99 프랑스에 절대 왕정이 나타나다

#상비군 #중상주의
#절대 왕정 #왕권신수설
#루이 14세 #태양왕
#내가곧국가_신도내편

16세기 이후 유럽은 잦은 전쟁과 흉년, 전염병, 경제 불안 등으로 사회가 뒤숭숭했어. 따라서 왕들은 전쟁과 반란에 대비해 ★상비군을 두고, 관료들을 임명해 나라를 다스렸지. 국가 재정을 늘리기 위해서는 **중상주의** 정책을 펼쳤어.

유럽 사람들은 흉흉한 사회 분위기 속에서 불안한 마음에 왕을 신처럼 떠받들었어. 칼을 휘두르던 기사들도 사라진 덕분에 왕은 혼자서 정치 권력을 틀어쥘 수 있었지. 전쟁에서 용감한 기사보다 총과 대포와 같은 무기가 점점 더 중요해졌거든.

"왕권은 신성하므로 왕의 명령에 무조건 따라야 한대."

그렇게 귀족들의 세력이 약화되고, 왕에게 권력이 집중된 가운데 **절대 왕정**이 나타났어. '왕권을 신에게서 받았다.'는 **왕권신수설**이

절대 왕정을 뒷받침했지. 절대 왕정 시대의 대표적인 왕은 프랑스의 **루이 14세**야.

루이 14세는 다섯 살 때 왕위에 올랐어. 그러나 10살이 되던 1648년, 왕실에 불만을 품은 귀족들이 돌팔매로 곳곳의 유리창을 깨며 반란을 일으켰어. 루이 14세는 수도 파리를 떠나 6년 가까이 도망 다녔지. 이 경험 때문에 그는 귀족 세력이 얼마나 무서운지 또렷이 알았어.

이후에 루이 14세는 귀족들의 권한을 줄이고 상업 활동을 통해 성장한 사람들을 관료로 많이 등용하는 등 왕의 권력을 강화했어. 게다가 반란을 경험한 수도 파리가 마음에 들지 않아 원래 사냥터가 있던 베르사유 숲에 으리으리한 궁전을 지어 권력을 과시했지. 바로 그 유명한 **베르사유 궁전**이야.

"나는 '**태양왕**'이다. 정원에 태양신 아폴로의 분수를 세우라."

아폴로의 분수는 루이 14세를 상징했어. 태양 없이는 자연이 생명을 유지할 수 없듯, 루이 14세 없이는 프랑스가 유지될 수 없음을 나타낸 거야. 루이 14세는 귀족들을 베르사유 궁전에 모아 놓고 호화롭게 살아갔어. 지방 귀족들도 의무적으로 일정 기간 궁전에 머물러야 했지. 루이 14세는 귀족들을 그렇게 바로 앞에 두고 ★일거수일투족을 감시했어. 그러는 동안 귀족들은 저절로 충직한 신하가 되어 갔지.

낱말 체크

★ **상비군** 비상사태에 대비해 항상 두고 있는 군대.

★ **일거수일투족** 손을 들거나 발을 옮기는 것과 같은 동작 하나하나 모두.

중상주의(重商主義)

말 그대로 상업을 중시하는 정책이야. 국내에서 생산되는 물건의 수출은 장려하고, 수입은 억제해 국가 밖으로 돈이 빠져나가지 않게 했지. 중상주의 정책은 상공업에 종사하는 시민들의 환영을 받았어. 이들은 귀족을 견제하려는 왕을 경제적으로 도와주었지.

▶ 소문난 멋쟁이 루이 14세 ▼

루이 14세는 '패션왕'이기도 했어. 이 초상화를 보면 흰색 스타킹에, 빨간 굽과 리본이 도드라진 하이힐을 신고 있지. 목에는 크라바트(목에 두르는 천으로 넥타이의 기원)를 매고 다녔는데, 이처럼 루이 14세는 옷차림에 관심이 많은 왕이었어. 그는 머리숱이 많지 않아 다양한 가발을 썼어. 그중에서도 어깨를 푹 덮을 만큼 길고, 모발이 위로 솟구쳐 키가 커 보이는 가발을 가장 좋아했대.

쏙쏙 퀴즈 — 맞으면 O, 틀리면 X

1 국가에서 농사를 중요하게 여기는 정책을 '중상주의'라고 한다.

2 절대 왕정의 대표, 루이 14세는 스스로를 '우주왕'이라고 칭했다.

17~18세기  유럽

100 러시아가 강대국으로 발돋움하다

#표트르 대제
#서유럽 문화 따라잡기
#예카테리나 2세 #계몽 군주
#수염자르기시렁

러시아는 서유럽에서 멀리 떨어져 있어서 에스파냐, 영국, 프랑스보다 국가 발전이 한참 늦었어. 동유럽의 러시아가 강대국으로 발돋움한 건 **표트르 대제**가 등장하고 나서야.

"쉿, 내가 러시아 황제라는 사실은 비밀이다!"

표트르 대제는 ★시찰단과 함께 서유럽으로 건너가 신분을 숨긴 채 앞선 기술과 문화를 직접 배웠어. 네덜란드에서는 노동자가 되어 배 만드는 법을 직접 배웠고, 영국에서는 유럽 최고의 해군을 이모저모 살펴보았지. 당시 러시아는 ★발트해로 나아가기 위해 20년이 넘도록 스웨덴과 전쟁 중이었기 때문이야.

"케케묵은 전통은 이제 집어치워야 한다. 모두 수염을 자르라."

러시아로 돌아온 표트르 대제는 과감히 개혁에 나섰어. 가장 유명

한 것은 남자들의 턱수염을 싹둑 자른 개혁이야. 귀족에게는 서유럽 문화와 외국어, 에티켓을 가르쳤어. 러시아의 복잡한 키릴 문자를 간단하게 고치고, 러시아 최초로 신문도 창간했지.

무엇보다 힘을 쏟은 것은 군사력 강화였어. 표트르 대제는 교회의 종을 몰수해 대포를 만들고, 전쟁터에서 열심히 싸우며 군사들의 사기를 북돋았어. 그렇게 피땀 흘린 결과 러시아는 드디어 스웨덴을 물리치고 발트해로 진출했지.

발트해 연안에는 새로운 수도 **상트페테르부르크**(St.Petersburg)가 건설되었어. '성 베드로의 도시'라는 뜻인데, '베드로'는 영어로는 '피터(Peter)' 러시아어로는 '표트르(Pyotr)'야. 즉 이 이름에는 '표트르의 도시'라는 뜻도 담겨 있지.

표트르 대제 때부터 들어온 서유럽 문화는 **예카테리나 2세** 때 활짝 꽃피었어. 그녀는 영국과 프랑스에 유행하고 있던 계몽사상에 관심이 많았거든. 계몽사상에 영향을 받은 군주를 **계몽 군주**라고 해.

"나 정도면 계몽 군주지! 서유럽의 세련된 문화를 따라잡아야겠어."

덕분에 우아한 궁전과 건물들이 러시아에 잇따라 지어졌고, 러시아의 귀족들은 서유럽의 궁전 문화에 익숙해졌어.

★ **시찰단** 두루 돌아다니며 살피는 사람들.

★ **발트해** 스칸디나비아반도와 유럽 사이에 있는 바다.

수염세

예로부터 러시아 남자들은 턱수염을 길게 길렀어. 그래야 신이 부여한 남자다운 모습이 유지된다고 믿었지. 하지만 표트르 대제는 그런 수염이 개혁에 방해가 된다고 생각해서 모두 자르게 했어. 기어이 수염을 기르는 사람한테는 해마다 '수염세'를 거뒀대.

수염을 자르는 러시아 관리

여름 궁전의 삼손 분수

상트페테르부르크에는 러시아 황제들이 여름에 머물던 '여름 궁전'이 있어. 이곳에는 성경에 나오는 엄청난 장사, 삼손이 사자의 입을 벌리는 모습의 유명한 분수가 있지. 이 분수에서 삼손은 러시아, 사자는 발트해를 놓고 러시아와 다투었던 스웨덴을 상징한다고 해.

쏙쏙 퀴즈 맞는 것 고르기

1 표트르 대제는 남자들의 (콧수염/**턱수염**)을 자르라고 명령했다.

2 상트페테르부르크는 (**표트르**/예카테리나)의 도시라는 뜻이 담겨 있다.

18세기 유럽

101 프로이센에 계몽 군주가 나타나다

#프로이센
#프리드리히 2세 #계몽 군주
#슐레지엔 #7년 전쟁
#계몽주의는나라안에서만!^^;;

한편 18세기 들어 오늘날 독일 지역에서 새로운 나라가 강국으로 떠올랐어. 바로 **프로이센** 왕국이었지. 프로이센에도 계몽 군주라 불리는 왕이 있었어. 바로 **프리드리히 2세**야.

프리드리히 2세의 아버지는 '군인 왕'이라 불릴 만큼 군사력을 강화하고 군대의 복종과 훈련을 강조한 사람이었어. 덕분에 프로이센은 군사 강국으로 성큼 올라섰지.

하지만 '군인 왕'은 가정에서도 엄격한 사람이었어. 프리드리히 2세는 어릴 적부터 엄한 아버지 때문에 늘 울상이었지. 결혼하고 나서야 아버지의 간섭에서 벗어날 수 있었어.

프리드리히 2세는 마음껏 책을 읽으며 계몽사상에 깊이 빠져들었어. 프랑스의 대표적인 계몽주의 철학자, 볼테르와 편지를 주고받으며 의견을 나눌 정도였지.

"통치자는 국가 최고의 심부름꾼이다."

프리드리히 2세는 자신이 쓴 책에 이렇게 쓰면서, 통치자는 책임 의식을 강하게 갖고 평화를 추구해야 한다고 주장했어. '군인 왕' 아버지와는 딴판이지? 1740년에 왕으로 즉위한 프리드리히 2세는 *고문을 폐지하고, 왕이 재판에 끼어들지 못하게 했어. 종교의 자유도 선포했지. 덕분에 프로이센에는 전보다 훨씬 자유로운 분위기가 감돌았어.

그런데 그런 프리드리히 2세에게도 뜻밖의 모습이 있었어. 이웃 나라 상황을 이용해 영토를 빼앗을 줄도 알았던 거야. 신성 로마 제국 황제인 오스트리아의 카를 6세가 죽고, 맏딸 마리아 테레지아가 그의 뒤를 이으려던 참이었어.

"여성이 왕위를 계승하다니요. 말도 안 됩니다."

주변 나라들이 이 문제에 끼어들면서 결국 오스트리아 왕위 계승 전쟁이 일어났지. 이렇게 어수선한 틈에 프리드리히 2세는 오스트리아 땅인 슐레지엔 지방을 공격해서 점령해 버렸어. 슐레지엔은 프로이센과 오스트리아 사이에 있었는데 지하자원이 많고 땅도 기름진 지역이었어.

땅을 뺏긴 오스트리아는 러시아, 프랑스 등과 손잡고 프로이센과 싸웠어. 그렇게 **7년 전쟁**이 일어나는 바람에 프로이센은 위기에 빠졌지만, 끝내 슐레지엔을 지켰지. 이제 프로이센은 엄연한 강대국으로서 다른 유럽 국가들과 어깨를 나란히 하게 되었어.

낱말 체크

★ **고문** 강제로 사실을 알아내기 위해 육체적, 정신적 고통을 주며 캐어물음.

감자 보급 작전

프리드리히 2세는 프로이센의 식량 부족을 해결하기 위해 감자 보급에 힘썼어. 그런데 사람들이 낯선 감자를 꺼리자, 그는 꾀를 부려 '귀족만 감자를 먹을 수 있다.'고 선언했지. 그러자 감자가 좋은 거라 여긴 프로이센 사람들은 너도나도 감자를 재배해 먹기 시작했대.

▶ 음악을 사랑한 프리드리히 2세 ▼

프리드리히 2세는 아버지 몰래 플루트를 배웠어. 플루트를 연주할 때 만큼은 답답한 군복을 벗고 한껏 감성을 풀어 놓았지. 왕이 되고 나서는 매일 저녁 상수시 궁전에서 연주회를 열었고, 이탈리아 최고의 가수들과 프랑스 발레 무용수들을 베를린으로 초청해 함께 음악을 즐겼어.

플루트를 부는 프리드리히 2세

쏙쏙 퀴즈 맞으면 O, 틀리면 X

1 프리드리히 2세는 '군인왕'으로 불릴 정도로 엄격한 왕이었다.

2 오스트리아 왕위 계승 전쟁 때 프로이센은 비옥한 슐레지엔 땅을 얻었다.

 18세기 유럽

102 오스트리아가 다시 일어나다

#마리아 테레지아
#오스트리아 왕위 계승 전쟁
#7년 전쟁
#합스부르크집안의유일한여왕

오스트리아의 왕이었던 카를 6세에게는 아들이 없었어. 자신이 갑자기 죽는다면 큰딸 **마리아 테레지아**가 왕위를 이어야 했지. 앞날이 염려된 카를 6세는 여자도 나라를 물려받을 수 있도록 나라의 *상속법을 고치고, 높은 귀족과 주변 나라의 지도자들에게 일일이 확인까지 받았어.

그러나 막상 카를 6세가 세상을 떠나자 주변 나라들은 일제히 태도를 바꾸었어. 여자인 마리아 테레지아를 우습게 보고 오스트리아를 공격한 거야. 이렇게 **오스트리아 왕위 계승 전쟁**이 시작됐어.

마리아 테레지아는 여성이라는 이유만으로 줄곧 *조롱과 무시를 당했어. 오스트리아의 지배를 받던 헝가리 귀족들도 마리아 테레지아에게 충성을 바치기를 주저했지. 그러자 그녀는 낳은 지 3개월밖

90

에 안 된 아들을 품에 안고, 헝가리로 달려가 이렇게 연설했어.

"나는 어머니의 마음으로 헝가리 사람들의 권리와 자유를 지켜 줄 것이다."

감동받은 헝가리 귀족들은 오스트리아를 위해 충성을 다하겠다고 맹세했어. 이러한 노력 끝에 마리아 테레지아는 오스트리아 왕위를 지켜 냈지. 비록 슐레지엔 땅은 프로이센에게 빼앗겼지만 말이야.

전쟁 이후 마리아 테레지아는 차근차근 권력을 다져 나갔어. 협상력을 발휘해 남편을 자기 대신 신성 로마 제국의 황제로 앉히고, 남편 대신 황제 역할을 하며 황제 대우도 받았지.

"무슨 수를 써서라도 슐레지엔을 되찾아야 한다."

마리아 테레지아는 어느 정도 힘을 회복하자 프로이센에 빼앗긴 슐레지엔을 되찾기 위해 복수를 준비했어. 이렇게 **7년 전쟁**이 일어났지. 오스트리아는 오랜 경쟁국이었던 프랑스와 러시아 등 이웃 나라들과 손잡고 프로이센을 궁지로 몰아붙였어.

"보통이 아니군, 마리아 테레지아!"

비록 그녀는 슐레지엔 땅을 되찾지 못했지만, 온 힘을 다해 나머지 땅을 지켜 냈어. 이후 마리아 테레지아는 중앙 정부에 권력을 집중해 나라를 안정시키고, 세금을 늘려 전쟁 비용을 마련했지. 곳곳에 학교도 세웠어. 이러한 개혁으로 오스트리아는 위기를 딛고 다시 유럽의 강대국으로 우뚝 설 수 있게 되었어.

낱말 체크

★ **상속** 한 사람이 죽은 후 그의 재산 등을 다른 사람에게 물려 줌.

★ **조롱** 비웃거나 깔보면서 놀림.

마리아 테레지아의 가족

마리아 테레지아는 아버지에게는 정치 능력을, 어머니에게는 미모를 물려받았어. 남편은 로트링겐 공국의 프란츠 슈테판이었지. 마리아 테레지아는 결혼해서 무려 열여섯 명의 자녀를 낳았는데, 자녀 중 가장 유명한 사람은 프랑스에 시집간 마리 앙투아네트야.

어린 시절의 마리아 테레지아

맞으면 O, 틀리면 X

1 마리아 테레지아는 오스트리아의 왕이 되었다. ☐

2 마리아 테레지아는 프로이센을 공격하여 슐레지엔 땅을 되찾았다. ☐

▶ 의무 교육의 토대가 마련되다 ▼

마리아 테레지아는 계몽사상의 영향을 받아 오스트리아에 학교를 세웠어. 국가가 교육을 주도해 근대 사회로 나아가려 한 거야. 오스트리아의 학교는 점점 늘어 마리아 테레지아가 죽기 직전인 1780년에는 500개나 되었어. 이 무렵 다른 유럽 국가들도 부국강병을 위해 교육에 관심을 가졌지만, 유럽에서 의무 교육이 실현되기까지는 약 100년이란 시간이 걸렸어.

절대 왕정 시대에 피어난 바로크·로코코 문화

 바로크 문화와 미술

절대 왕정 시대에 유럽 왕들은 권력을 과시하며 베르사유 궁전처럼 거대한 궁전을 지었어. 훗날 비평가들은 이런 건축물을 보고 빈정대며 바로크 양식이라 불렀지. 바로크는 '찌그러진 진주'라는 뜻이야. 르네상스 건축·미술에 나타났던 조화롭고 반듯한 모습과는 딴판이라 놀랐던 거야. 하지만 너무 완벽한 모습은 재미없잖아? 바로크 양식은 독창적인 아름다움과 웅장함으로 사람들의 감탄을 자아내고 있어.

대표적인 예술가로 이탈리아의 카라바조와 베르니니가 있어. 카라바조는 플랑드르의 루벤스를 비롯한 여러 화가에게 영향을 끼쳤지. 화가들은 빛과 어둠의 강렬한 대조를 통해 마치 연극 장면 같은 작품을 만들었어.

베르사유 궁전(프랑스)

상수시 궁전(독일)
프리드리히 2세가 베르사유 궁전을 본떠서 지었어. '상수시'는 근심이 없다는 뜻이래.

거울의 방
프랑스 루이 14세가 지은 베르사유 궁전에는 5천여 명도 너끈히 들어갈 수 있었대. 주변의 정원도 어마어마하게 넓어. 궁전의 수많은 방 중에서도 '거울의 방'은 호화찬란하기로 유명해.

카라바조의 〈엠마오에서의 저녁 식사〉
엠마오에서 저녁을 먹던 중 예수가 자신이 부활했음을 밝히자 제자들이 충격에 사로잡히는 모습이야. 어둑어둑한 방에서 예수는 연극의 주인공처럼 빛나고 있어.

베르니니의 〈성 테레사의 환희〉

베르니니는 역동적인 모습과 풍부한 감정을 조각품에 담아냈어. 바로크 조각가들은 르네상스 시대에 미켈란젤로 등이 보여 주었던 차분하고 우아한 모습을 벗어던졌지.

루벤스의 〈아이의 얼굴〉

루벤스의 5살짜리 딸 클라라를 모델로 그린 그림이야. 복잡한 구성이나 기교를 빼고, 호기심에 반짝이는 눈을 한 순진무구한 소녀의 얼굴을 그대로 그렸어.

 로코코 문화와 미술

절대 왕정이 무르익으면서 점차 로코코 양식이 나타났어. 로코코는 장식에 쓰이는 조약돌이나 조개껍질을 뜻해. 남성적이고 묵직한 바로크 양식에 비해 로코코 양식은 여성적이며 섬세하고 경쾌하지. 마리아 테지리아가 좋아하는 분위기로 내부를 꾸민 쇤브룬 궁전이 대표적이야.

대표적인 로코코 화가는 프랑스의 부셰, 프라고나르 등이 있어. 그들은 주로 귀족들이 사치와 쾌락을 추구하던 생활 모습을 그림에 담아냈지.

쇤브룬 궁전(오스트리아)

오스만 제국의 침입으로 파괴된 후 다시 지어졌어. 마리아 테레지아의 할아버지는 이 궁전을 베르사유 궁전보다 더 크게 짓고 싶었대. 하지만 마리아 테레지아는 오스트리아 재정에 큰 부담이 되지 않는 정도로 공사를 마무리했지. 건물 외벽을 칠한 옅은 노란색은 마리아 테레지아가 좋아하는 색이래.

부셰의 〈퐁파두르 부인〉

이 그림은 프랑스왕 루이 15세의 애인이었던 퐁파두르 부인을 그린 작품이야. 그녀는 왕의 총애를 받아 오스트리아와 동맹을 맺는 등 나랏일에 참여하기도 했지. 이 그림에서 부셰는 책을 강조하면서 그녀의 지적이고 문화적인 모습을 강조하려고 했어.

프라고나르의 〈그네〉

이 작품은 프라고나르의 대표작이자 대중에게 아주 유명한 작품이야. 한 매력적인 여성이 가운데에 있고, 좌우로 남성들이 그네를 밀어 주거나 손을 뻗으며 그녀에게 마음을 표하고 있지. 로코코 양식의 우아함과 쾌활함을 잘 보여 주고 있어.

16~17세기  유럽

103 과학 혁명이 일어나다

#코페르니쿠스
#지동설 #갈릴레이
#뉴턴 #관성의 법칙
#난사과를냠냠먹기만했는데…

자연 현상이 왜 일어나는지 알 수 없던 시절, 사람들은 모든 게 신의 뜻이라 믿었어. 천동설도 당연하게 받아들였지. 신이 창조한 인간이 우주의 중심이고, 하늘의 태양과 별들이 지구 주위를 돈다고 생각한 거야.

그러나 르네상스 이후 유럽 사람들은 꼼꼼히 따지고 비판하는 태도를 길렀어. 과학 연구도 꾸준히 이루어진 결과, 사람들은 천동설에 의문을 품게 되었지. 폴란드의 코페르니쿠스는 고대의 기록들을 뒤지다가 지구가 움직인다는 주장을 발견했어.

"그래! 태양이 우주의 중심에 있고 지구가 그 주위를 도는 거야. 그래야 별들의 운동을 매끄럽게 설명할 수 있어."

이것을 지동설이라고 해. 하지만 코페르니쿠스는 죽을 때가 되어서

야 지동설이 담긴 책을 펴냈지. 천동설을 뒤엎는 주장을 내놓기가 너무나 조심스러웠던 거야.

그 후 이탈리아의 **갈릴레이**가 성능이 좋은 망원경을 만들어 우주를 관찰하기 시작했어. 곧 갈릴레이는 코페르니쿠스의 주장이 사실임을 눈으로 확인했지. 그러고는 책을 펴내어 지동설을 알렸어. 이 책이 베스트셀러가 되면서 지동설이 널리 퍼져 나갔지.

하지만 갈릴레이는 ★유명세를 톡톡히 치렀어. ★종교 재판소에서 심판을 받게 된 거야. 엄숙한 분위기의 재판소에서는 잘못 말했다가는 화형을 당할 수 있었어.

"갈릴레이, 아직도 지동설이 맞다고 생각합니까?"

압박감에 갈릴레이는 어쩔 수 없이 지동설이 틀렸다고 말할 수밖에 없었어. 그는 지동설 외에도 여러 실험을 통해 물체의 운동을 관찰해 ★관성을 주장하는 등 다른 업적도 많이 남겼지.

그 후 영국의 **뉴턴**이 갈릴레이의 주장을 수학적 계산으로 증명했어.

"우주의 별들은 관성의 법칙 때문에 계속 움직입니다. 그리고 모든 물체에는 서로 끌어당기는 힘이 있죠. 이 때문에 태양과 별들이 자기 궤도 안에서 계속 운동하는 것입니다."

이렇게 뉴턴은 천체를 비롯한 모든 물체의 운동을 과학적으로 명쾌하게 설명했어. 이제 사람들은 이 세상이 신의 뜻대로가 아니라 일정한 법칙에 따라 움직인다는 사실을 깨달았지. 이처럼 과학계에서 일어난 획기적인 변화를 **과학 혁명**이라고 해.

낱말 체크

★ **유명세** 유명해서 당하는 불편이나 어려움.

★ **종교 재판소** 종교의 교리에 따라 재판하는 곳.

★ **관성** 물체가 정지 또는 운동 등 자신의 상태를 지속하려는 성질.

갈릴레이의 망원경

네덜란드에서 최초로 발명된 망원경은 시력을 교정하는 데 쓰였을 뿐 성능이 별로 좋지 않았어. 갈릴레이는 망원경의 제작 원리를 금세 알아내어 성능을 크게 향상시켰지. 베네치아의 원로원 의원들은 성당의 종탑으로 올라가 망원경을 써 보고 마술을 본 듯 깜짝 놀랐대.

쏙쏙 퀴즈 맞는 것 고르기

1 코페르니쿠스는 지구가 태양 주위를 돈다는 (**지동설**/천동설)을 주장했다.

2 (갈릴레이/뉴턴)는(은) 성능이 좋은 망원경을 만들어 우주를 관찰했다.

▶ 뉴턴의 사과나무 ▼

뉴턴은 케임브리지 대학에 다니던 시절, 흑사병을 피해 고향으로 내려갔대. 그러던 어느 날 떨어지는 사과를 보고 모든 물체가 서로 끌어당긴다는 만유인력의 법칙을 깨달았다는 이야기가 전해지고 있어. 케임브리지 대학에는 이를 기념하는 사과나무가 있고, 그 나무에서 얻은 후손이 우리나라 대전에서도 자라고 있지. 사실 이 법칙은 뉴턴이 연구를 거듭한 끝에 어렵게 밝혀낸 것이었어.

17~18세기 유럽

104 새로운 시대를 향한 계몽사상이 퍼지다

#계몽사상 #사회 계약설 #볼테르 #존 로크 #루소 #몽테스키외 #인간은자유롭고평등하다

과학 혁명이 사람들에게 자신감을 불어 넣은 가운데, 유럽의 철학자들은 생각하는 능력, 즉 이성의 힘에 주목했어.

그래서 이성의 힘으로 케케묵은 관습과 제도에서 벗어나자고 주장했지. 미신을 따르는 어리석은 행동과 사람을 차별하는 신분제 등이 비판의 대상이었어. 이러한 사상을 **계몽사상**이라고 해. 영국에서 시작된 계몽사상은 프랑스로 건너가 더욱 발전했어.

"낡은 제도와 미신에 사로잡힌 사람들을 일깨워야 해!"

프랑스를 대표하는 계몽사상가는 **볼테르**란 사람이었어. 볼테르는 한때 로마 가톨릭교회의 낡은 전통과 권위를 비판하는 글을 썼다가 감옥에 갇힌 적이 있지. 그는 프랑스가 지긋지긋해 영국으로 떠난 적도 있어.

프랑스의 계몽사상가들은 새로운 지식을 체계적으로 정리해 사람들의 *무지를 일깨우고 잘못된 지식을 바로잡으려 했어. 이 결과물이 바로 《백과전서》야.

한편 17세기 영국에서는 정치가 혼란스러워 국가의 존재와 역할이 뭔지 생각한 철학자들도 생겨났어. 그들이 찾아낸 답은 사람들이 계약을 맺어 국가를 만들었다는 것이었지. 이 주장이 바로 **사회 계약설**이야.

"인간은 자신의 권리를 누리기 위해 국가를 만들었다."

존 로크는 이렇게 말하며, 만약 정부가 이러한 계약을 어긴다면 사람들은 저항하고 새로운 정부를 세울 권리가 있다고 주장했어. 시민의 권리를 강조한 거야. 절대 왕정을 뒷받침한 왕권신수설과는 반대되는 주장이지?

프랑스의 대표적인 계몽사상가, **몽테스키외**도 국가 권력에 대한 자기 나름대로의 생각을 정리했어. 그는 사람들이 자유를 누리려면 국가 권력을 여럿으로 나누어야 한다고 주장했지. 오늘날 *국회, 정부, 법원이 서로 견제하면서 균형을 이루는 것처럼 말이야.

루소는 가난한 집안에서 태어난 데다 자유분방하게 살아, 거침없이 생각을 펼쳐 나갔어. 인간은 원래 평등하다며, 인간의 본성을 타락시키는 문명과 불평등한 사회를 비판했지. 이러한 계몽사상은 시민 혁명에 영향을 주었고, 유럽 각국으로 널리 퍼져 나갔어.

낱말 체크

★ 무지 아는 것이 없음.

★ 국회 국민의 대표가 모여 법을 만드는 기관.

《백과전서》

《백과전서》는 당시의 학문을 집대성한 대작이었지만, 사회를 비판하는 내용 때문에 발행이 금지되기도 했어. 밝은 빛 속에서 진리의 여신이 나타나는 머릿그림이 계몽사상의 핵심을 잘 보여 주고 있지.

▶ 계몽사상가들이 좋아한 커피

오스만 제국에 다녀온 베네치아 사람들을 통해 커피가 유럽에 전해진 이후 계몽사상이 퍼지면서 커피는 더욱 유행했어. 유럽의 지식인들은 많은 책을 읽고, 여럿이 모여 생각을 나누려 했는데, 이때 가장 잘 어울리는 음료가 바로 커피였지. 계몽사상가들은 커피를 파는 카페, 또는 상류층 가정의 응접실에 마련된 살롱에서 커피를 마시며 토론하고는 했어.

커피를 마시는 카페의 풍경

쏙쏙 퀴즈 맞으면 O, 틀리면 X

1 계몽사상가들은 과거의 관습과 제도를 그대로 잘 보존해 이어 가자고 주장했다.

2 존 로크는 국가의 권력을 나누어야 한다고 주장했다.

역사 탐험 보고서

서아시아와 유럽 지역 질서의 변화

 이슬람의 여러 나라와 오스만 제국

 아바스 왕조가 쇠퇴할 무렵 셀주크 튀르크가 세력을 키워 이슬람 세계를 통일했어. 그 후 중앙아시아에는 티무르 왕조, 이란 지역에는 사파비 왕조가 세워졌지. 이후 튀르크인이 오스만 제국을 세우면서 이슬람 세계의 중심이 됐어. 오스만 제국은 비잔티움 제국을 무너뜨리고, 세 대륙에 걸친 넓은 땅을 차지하며 발전했지.

인도의 이슬람 왕조와 무굴 제국

 인도에도 이슬람 왕조가 세워졌어. 델리 술탄 왕조는 300년 이상 인도 북부를 다스렸지. 그 후 티무르의 후손 바부르가 무굴 제국을 세웠어. 아크바르 황제는 힌두교도를 존중하며 무굴 제국을 발전시켰지. 샤자한이 만든 타지마할에는 힌두 문화와 이슬람 문화가 어우러져 있어. 아우랑제브 황제는 무굴 제국 영토를 최대한 넓혔지만 힌두교도를 탄압했지.

새로운 바닷길 개척 후 찾아온 변화

 포르투갈은 동쪽으로, 에스파냐는 서쪽으로 바닷길을 찾아 나섰어. 바스쿠 다 가마는 마침내 인도에 도착했고, 콜럼버스는 아메리카에 상륙했지만 그곳이 인도인 줄 알았지. 그 후 유럽은 아스테카 제국과 잉카 제국을 무너뜨리며 아메리카 문명을 파괴했어. 또한 유럽 사람들이 저지른 노예 무역으로 많은 아프리카 흑인이 희생되었지.

유럽에 나타난 절대 왕정과 계몽사상

 에스파냐의 펠리페 2세, 영국의 엘리자베스 1세, 프랑스의 루이 14세, 러시아의 표트르 대제는 막강한 권력을 쥐고 나라를 다스렸어. 왕권신수설이 그러한 절대 왕정을 뒷받침해 주었지. 절대 왕정은 동유럽으로 퍼져 나갔지만 프로이센의 프리드리히 2세 등은 계몽사상의 영향을 받았어. 계몽사상은 과학 혁명 후 인간 이성의 힘으로 사회를 개혁하려 한 사상이야.

십자말풀이를 풀어라!

아래 문제를 읽고 가로, 세로 빈칸에 들어갈 정답을 채워야만 다음 시대로 넘어갈 수 있어. 과연 모든 빈칸에 알맞은 답을 채울 수 있을까?

가로

1. 아이바크의 인도 침략 후 300년 간 인도 북부를 지배한 이슬람 왕조
2. 샤자한이 죽은 아내를 기리기 위해 지은 무덤
3. 레판토 해전 승리 이후 에스파냐 해군이 얻은 별명
4. 해적 드레이크를 지원한 영국의 여왕
5. 러시아에 서유럽 문화를 가져온 계몽 군주

세로

1. 비잔티움 제국을 멸망시킨 나라
2. 오스만 제국의 수도
3. 1526년 바부르가 인도에 세운 이슬람 제국
4. 최초로 세계 일주를 한 탐험가
5. 왕에게 모든 권력이 집중된 제도
6. 볼테르의 책을 즐겨 읽던 프로이센의 계몽 군주

오, 정답을 모두 채웠군. 약속한 간식이다!

정답 176쪽

도전! 세계사 퀴즈왕

좀 더 어려운 과제에 도전해 볼까?

01 간식단이 아래의 유적지가 만들어지는 광경을 보기 위해 시간 여행을 떠나려 하고 있어. 도착한 나라에서 볼 수 있는 모습은? `87~90쪽지`

사마르칸트: 우즈베키스탄에 있는 이곳은 ○○○ 왕조의 수도였어.

① 술레이만 1세의 명령을 받는 관리들
② 이스탄불 사원에서 기도를 드리고 있는 신자들
③ 몽골 제국의 부활을 꿈꾸며 전쟁에 나서는 군인들
④ 시아파를 국교로 믿고 있는 상인들

02 다음 제국에 대한 설명으로 옳지 <u>않은</u> 것은? `88~89쪽지`

① 비잔티움 제국을 멸망시켰다.
② 오스트리아 수도 빈을 정복했다.
③ '밀레트'라는 종교 공동체가 있었다.
④ '예니체리'라는 군대가 전쟁에서 크게 활약했다.

03 무굴 제국 황제들에 대한 설명을 보고, 그에 맞는 황제의 이름을 찾아 써 보자. `91~93쪽지`

| 바부르 | 아크바르 | 샤자한 | 아우랑제브 |

① 델리 술탄 왕조를 무너뜨리고 무굴 제국을 세웠다. (   )
② 힌두교를 믿는 공주와 결혼해 이슬람교와 힌두교의 화합을 도모했다. (   )
③ 죽은 아내를 위해 '타지마할'이라는 무덤을 만들었다. (   )
④ 힌두교를 탄압하고, 무굴 제국을 이슬람 국가로 되돌리려고 하였다. (   )

04 유럽 국가들의 신항로 개척 이후 세계에는 많은 변화가 일어났어. 다음 중 옳지 않은 설명은?

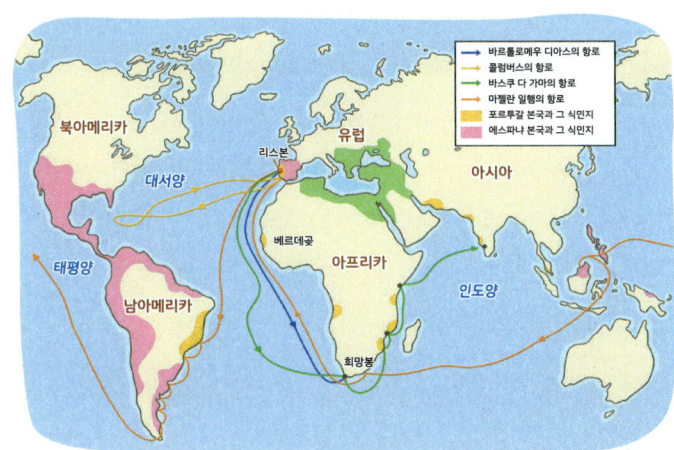

① 포르투갈의 마젤란 일행이 최초로 세계 일주에 성공했다.
② 에스파냐의 피사로가 이끄는 군대가 잉카 제국을 멸망시켰다.
③ 아프리카의 흑인들은 유럽에 노예로 끌려가 사탕수수 농사를 지었다.
④ 콜럼버스는 죽을 때까지 자신이 도착한 땅을 인도라고 믿었다.

05 절대 왕정 시기 유럽 왕들의 나라와 그에 대한 설명을 알맞게 연결해 보자.

① 엘리자베스 1세 ・   ・ 영국   ・   ・ ㉠ 베르사유 궁전 건축
② 루이 14세   ・   ・ 프로이센 ・   ・ ㉡ 무적함대 격파
③ 표트르 대제   ・   ・ 프랑스   ・   ・ ㉢ 상트페테르부르크 건설
④ 프리드리히 2세 ・   ・ 러시아   ・   ・ ㉣ 슐레지엔 지방 점령

06 다음 업적과 관련 있는 사람의 이름을 보기에서 찾아 넣어 보자.

태양 중심의 지동설을 주장	모든 물체의 운동을 과학적으로 설명함	망원경을 만들고 우주를 관측하여 지동설 입증

보기: 코페르니쿠스 갈릴레이 뉴턴

3 서양의 시민 혁명과 국민 국가 건설 운동

세계사 ON

한국사 ON

1642년
영국 청교도 혁명이 일어나다

1688년
영국 명예혁명이 일어나다

1776년
미국 〈독립 선언문〉을 발표하다

1636년
병자호란이 일어나다

1708년
대동법이 전국적으로 실시되다

유럽 곳곳에선 절대 왕정의 시대에 끝이 보이기 시작했어. 영국에서는 국왕과 의회의 대결 끝에 입헌 군주정이 세워졌지. 아메리카 대륙으로 건너간 사람들은 영국의 지배에서 벗어나 최초의 민주 공화국인 미국을 세웠어. 미국은 미지의 세계인 서부를 개척하는 한편, 남북 전쟁을 겪어 가며 노예 제도를 폐지했지. 프랑스에서는 신분 사회에 반발하며 시민들이 혁명을 일으켰어. 혁명 이후에는 나폴레옹이 정복 전쟁을 펼치며 프랑스 혁명의 정신을 유럽에 널리 퍼뜨렸지.

1789년 프랑스 혁명이 일어나다

1804년 나폴레옹이 황제가 되다

1840년대 미국에서 골드러시가 일어나다

1863년 링컨이 노예 해방령을 발표하다

1796년 수원 화성이 완공되다

1811년 홍경래의 난이 일어나다

1862년 임술 농민 봉기가 일어나다

17세기 유럽

105 스코틀랜드 출신 왕과 의회가 맞서다

#영국 의회 #제임스 1세
#스코틀랜드와 잉글랜드
#청교도 #종교 탄압
#제임스1세님_눈치좀챙기셈

영국은 일찍부터 **의회**가 발달했어. 엘리자베스 1세는 의회의 뜻을 존중하며 나라를 안정시켰지. 그러나 후계자를 남기지 않았기 때문에 그녀와 제일 가까운 혈통인 스코틀랜드의 국왕, **제임스 1세**가 영국(잉글랜드)의 왕까지 겸하게 되었어.

"왕권은 신에게 받은 것이다. 그러므로 왕이 의회의 눈치를 볼 필요가 없단 말씀!"

제임스 1세가 즉위하면서 왕과 의회 사이에 문제가 발생하기 시작했어. 제임스 1세는 의회의 눈치를 봐야 하는 게 영 못마땅했던 거야. 그는 *오만하게 굴면서 의회가 자신을 신처럼 떠받들길 바랐지.

"영국에 왔으면 여기 전통을 보고 배워야지! 어디서 잘난 척이야."

의회는 제임스 1세와 사사건건 부딪칠 수밖에 없었어. 스코틀랜드

와 영국의 역사, 문화는 각각 달랐는데 제임스 1세는 영국의 의회가 어떻게 운영되는지 관심을 갖지 않았거든.

그런데 이 무렵 영국 의회에는 **청교도**들이 많았어. 청교도는 칼뱅의 영향을 받은 개신교 신자들이야. 이들은 상공업 발달로 부자가 된 시민, 양을 대규모로 길러 돈을 번 지주, 그리고 법률가나 의사 같은 전문직 종사자들이었지. 재산으로든 학식으로든 이들은 누구에게도 꿀리지 않았어.

"앞으로 다른 종교는 믿지 말고 영국 국교회만 믿으라니!"

가뜩이나 제임스 1세에 불만이 많던 청교도들은 그의 종교 정책에도 할 말을 잃었어. 영국 국교회를 강요하면서 청교도를 탄압했거든. 이러한 탄압에 못 이겨 많은 청교도가 종교의 자유를 찾아 영국을 떠나기도 했지.

종교 탄압을 받았던 건 청교도들뿐만이 아니었어. 가톨릭교도들의 신앙생활도 자유롭지 못했지. 결국 참다못한 몇몇 가톨릭교도들은 제임스 1세와 고위 관료들을 없애기 위해 의회 건물을 폭파할 계획을 꾸미기도 했어. 하지만 도중에 계획이 들통나는 바람에 실패하고 말았지. 의회 폭파 위기는 가까스로 넘겼지만, 영국은 언제라도 폭발할 듯 불안불안했어.

★ **오만** 태도나 행동이 건방지거나 거만함.

네 나라가 합쳐진 영국

영국은 크게 잉글랜드와 웨일스, 스코틀랜드로 나누어 있어. 웨일스는 1536년에, 스코틀랜드는 1707년에 잉글랜드와 합쳐졌지. 아일랜드는 오랜 갈등 끝에 북부는 영국의 일부가 되었고, 남부에서는 1949년에 아일랜드 공화국이 탄생했어.

▶ **저항의 상징이 된 가이 포크스**

제임스 1세가 다스리던 1605년, 가이 포크스는 의회 건물을 화약으로 날려 버리려다가 실패했어. 그는 반역죄로 교수형에 처해졌고, 영국 사람들은 국왕의 무사함을 기념하며 불꽃놀이를 벌였지. 지금도 해마다 11월 5일을 '가이 포크스의 날'로 기념하고 있어. 몇몇 사람들은 가이 포크스의 얼굴을 본뜬 가면을 쓰고 시위를 벌이기도 해.

검거되는 가이 포크스

쏙쏙퀴즈 맞으면 O, 틀리면 X

1 제임스 1세는 의회의 눈치를 많이 살폈기 때문에 의회의 의견을 존중하였다. ☐

2 제임스 1세는 영국 국교회가 아닌 청교도와 가톨릭교도들을 탄압하였다. ☐

106 청교도 혁명이 일어나다

#찰스 1세 #권리 청원
#국왕 vs 의회 #내전
#청교도 혁명 #올리버 크롬웰
#대세는시민의대표인의회!

국왕과 의회 사이의 갈등이 폭발한 건 **찰스 1세** 때였어. 찰스 1세는 아버지 제임스 1세보다 더 마음대로 권력을 휘둘렀지. 의회는 참다못해 원하는 요구 사항을 하나하나 문서에 적어 찰스 1세에게 내밀었어.

"첫째, 의회의 동의 없이 국왕은 세금을 거둘 수 없다. 둘째, 사람을 잡아 가둘 때에는 법과 절차에 따라야 한다⋯."

이 ★청원서를 **권리 청원**이라고 해. 전쟁 비용을 마련해야 했던 찰스 1세는 마지못해 권리 청원에 서명했지. 하지만 권리 청원도 소용없었어. 찰스 1세와 의회는 곧 다시 부딪쳤지. 찰스 1세는 11년 동안이나 의회를 열지 않고 ★독단으로 정치를 밀고 나갔어. 그러다 장로교를 믿는 스코틀랜드에 영국 국교회를 강요하다가 전쟁을 치르게 되었지.

찰스 1세는 전쟁 비용을 마련하기 위해 오래전에 해산시켰던 의회를 다시 열 수밖에 없었어.

"권리 청원을 무시하고 어찌 그렇게 독단적으로 통치하셨습니까?"

의회는 이 순간이 오기만을 기다렸다는 듯 찰스 1세를 조목조목 쏘아붙였어. 이에 찰스 1세는 18일 만에 의회를 해산하였지. 그러나 스코틀랜드 군대가 쳐들어오자 다급해진 찰스 1세는 7개월 만에 다시 의회를 소집했어. 그러자 의회는 유리해진 상황을 이용하여 국왕이 가진 여러 특권을 폐지하고 국왕의 측근들을 처형하였지.

1641년에는 아일랜드에서 영국의 통치에 반발하여 영국인 수천 명을 죽이는 반란이 일어났어. 이에 대한 대응 방식을 둘러싸고 찰스 1세와 의회가 또다시 대립하였는데, 그동안 쌓인 앙금까지 합쳐져 결국 둘 사이의 갈등은 폭발하게 되었어. 결국 1642년 찰스 1세는 반대 세력을 체포한다며 병사들을 이끌고 의회로 쳐들어갔지.

"왕이 의회를 상대로 전쟁을 시작했습니다. 함께 싸웁시다!"

참다못한 의회는 시민들에게 호소해 급히 군대를 꾸렸고, 그렇게 **내전**이 시작되었어. 내전 초기에는 왕이 이끄는 왕당파가 우세했지만, **올리버 크롬웰**의 활약으로 결국에는 의회파가 승리를 거두게 되었지.

1649년 체포된 찰스 1세는 재판을 받은 후 공개 처형되었어. 이 사건이 바로 **청교도 혁명**이야. 의회의 다수였던 청교도가 중심이 되어 절대 왕정을 무너뜨린 데서 붙여진 이름이지.

낱말 체크

★ **청원서** 요구 사항을 적은 문서.

★ **독단** 남과 상의하지 않고 혼자서 판단하거나 결정함.

★ **내전** 한 나라 안에서 일어나는 싸움.

스코틀랜드

10세기 무렵 영국 북쪽에 세워진 나라로, 1707년 잉글랜드에 합쳐졌어. 합쳐진 이후에도 고유의 문화와 민족의식을 이어 왔지. 남자들이 '킬트'라는 체크무늬 치마를 입고 백파이프를 부는 모습이 유명해. 그리고 개신교 중 하나인 장로교를 믿는 사람들이 많아.

▶ 왕당파와 의회파

청교도 혁명 때 찰스 1세를 지지하는 사람들을 왕당파, 의회를 지지하는 사람들을 의회파라 불렀어. 대체로 전통적인 귀족과 대지주, 부유한 상인 등은 왕당파에, 청교도와 도시 상공업자 등은 의회파에 가담했지. 두 파는 겉모습에도 차이가 있었어. 왕당파는 곱슬곱슬한 가발을 늘어뜨린 반면, 의회파는 머리를 짧게 깎았지.

의회파 / 왕당파

쏙쏙 퀴즈 맞으면 O, 틀리면 X

1 찰스 1세가 의회의 요구에 따라 받아들인 청원서는 권리 청원이다.

2 왕당파는 의회파를 누르고 청교도 혁명에서 승리하였다.

17세기 유럽

107 명예혁명으로 입헌 군주정을 세우다

#공화국 #크롬웰 독재
#찰스 2세 #제임스 2세
#명예혁명 #권리 장전
#국왕_군림OK_통치NO!

청교도 혁명으로 영국은 이제 의회가 다스리는 **공화국**이 되었어. 그렇게 영국의 민주주의가 확장되나 싶었지만, 실권은 한 사람이 틀어쥐었지. 바로 의회파를 이끌었던 **올리버 크롬웰**이야.

크롬웰은 욕망과 욕심을 억제하는 청교도 정신을 지나치게 강조했어. 술과 도박은 물론 전통 축제, 연극, 파티까지 금지했지. 다른 종교와 국가에도 강경하게 맞섰어. 크롬웰은 군대를 이끌고 쳐들어가 반란을 일으킨 아일랜드와 스코틀랜드 사람들을 혼쭐냈고, 바다에서는 네덜란드와 에스파냐를 격파했어. 영국 사람들은 이런 크롬웰의 독재에 진저리가 났지.

"차라리 예전처럼 왕이 다스리는 게 낫겠어."

크롬웰이 죽자, 의회는 프랑스로 망명을 떠나 있던 찰스 1세의 아

들 **찰스 2세**를 왕으로 불러왔어. 찰스 2세는 의회와 충돌하지 않도록 조심조심 행동하면서도, 아버지의 죽음과 연관된 사람들에게 인정사정없이 복수했지. 이미 죽은 크롬웰의 시체를 잔인하게 *훼손하기까지 했어.

하지만 찰스 2세가 마땅한 후계자 없이 죽자, 의회는 찰스 2세의 동생 **제임스 2세**의 계승을 지지하는 토리당과 그들에 맞선 휘그당으로 나뉘었어. 제임스 2세는 가톨릭을 믿는 데다, 노골적으로 의회를 무시했거든. 결국 제임스 2세가 왕이 되었어. 그런데 후계자인 아들까지 태어나자 의회는 긴장하기 시작했지.

"이러다가 영국이 가톨릭 국가가 되는 것 아냐?"

대립하던 토리당과 휘그당도 해결책을 찾느라 뜻을 모았어. 다급해진 그들은 제임스 2세의 맏딸 **메리**를 떠올렸지. 메리는 개신교도일 뿐 아니라, 개신교 국가인 네덜란드의 윌리엄 오라녜 공작에게 시집가 있었거든.

"영국에 와서 우리의 왕이 되어 주세요."

이러한 간청에 윌리엄과 메리는 1만 명이 넘는 군대와 함께 배를 타고 영국으로 건너왔어. 제임스 2세는 놀라 프랑스로 도망쳤지.

1689년 의회는 윌리엄과 메리를 공동 왕으로 추대했어. 이 사건이 바로 **명예혁명**이야. 왕을 처형하지 않고도 명예롭게 혁명을 치렀다는 뜻이지. 의회는 공동 왕에게 **권리 장전**을 제출해 승인받았어. 이렇게 해서 영국에는 *입헌 군주정이 세워졌지. 왕은 상징적 존재일 뿐, 실제로는 의회가 통치하는 전통은 이때부터 시작된 거야.

낱말 체크

★ **훼손하다** 몸의 부분을 제거하거나 파괴하다.

★ **입헌 군주정** 군주는 형식적으로 자리에 있고, 실제 정치는 정부가 하는 정치 제도.

권리 장전의 주요 내용

- 왕은 의회의 동의 없이 법의 효력이나 집행을 정지할 수 없다.
- 의회의 승인 없이 왕이 쓰기 위한 돈을 걷는 것은 위법이다.
- 의원의 선거는 자유롭지 않으면 안 된다.
- 의회 안에서 말하고 토론한 내용으로 의회 아닌 어떤 곳에서도 고발당하거나 심문당하지 않는다.

쏙쏙 퀴즈 맞는 것 고르기

1 명예혁명 이후 의회는 왕에게 (권리 청원 / 권리 장전)을 제출하였다.

2 명예혁명 후 영국은 (공화정 / 입헌 군주정)의 나라가 되었다.

▶ 토리당과 휘그당 ▼

찰스 2세 때 의회는 왕을 지지하는 토리당과 의회를 존중하는 휘그당으로 갈라섰어. 원래 '토리'는 아일랜드의 산적들을, '휘그'는 스코틀랜드의 가축 도둑을 가리키는 말이었어. 서로 헐뜯으며 이렇게 부른 것이지. 19세기에 토리당은 보수당으로, 휘그당은 자유당으로 이어졌어.

17세기 아메리카

108 북아메리카에 식민지를 건설한 영국인들

#제임스타운
#청교도 #메이플라워호
#매사추세츠 #뉴욕
#새나라만드는건쉬운게아님

신항로 개척 이후 에스파냐에 뒤이어 다른 유럽 국가들도 득달같이 아메리카로 달려들었어. 영국은 여러 번의 *탐사 후 북아메리카 동부 해안을 선택했지. 그 지역으로 건너갈 사람들이 어느 정도 모이자 배가 출발했고, 이들은 곧 북아메리카의 **버지니아주**에 다다랐어.

"여기에 우리 마을을 만듭시다. 어딘가에 황금이 있겠죠?"

이들은 **제임스타운**이라는 마을을 만들었어. 그러나 황금은 어디에도 없었고, 낯선 땅에서 농사를 짓기도 어려웠지. 그렇게 많은 사람이 굶주림과 추위, 병에 시달리다가 죽었어. 용케도 살아남은 사람들은 인디언에게 담배 농사법을 배웠어. 덕분에 담배를 유럽에 수출해 먹고살 수 있게 되었지.

제임스타운으로 건너간 사람들이 엄청나게 고생했다는 소식은 영

국에까지 전해졌어. 그럼에도 북아메리카 이주를 결심한 사람들이 있었지. 그중에는 제임스 1세의 종교 탄압을 받은 청교도들도 있었어.

"종교의 자유를 찾아 함께 떠납시다!"

영국 국교회 강요에 지친 영국인들과 청교도들은 **메이플라워호**를 타고 북아메리카로 향했어. 폭풍우가 덮치고 식량도 떨어지면서 배 안에는 위기감이 감돌았지만, 사람들은 앞으로 어떻게 살아갈지 의견을 나누며 결의를 다졌지. 그러고는 '메이플라워 서약'이라는 문서를 만들었어.

"질서와 안전을 스스로 책임지며 스스로 정치하고, 평등한 법률을 만들 것을 맹세한다."

드디어 이들은 동쪽의 **매사추세츠** 지방에 상륙했어. 메이플라워호를 타고 건너온 사람들 중 청교도들이 포함되어 있었기 때문에 이들은 훗날 순례자라는 뜻의 '**필그림 파더스**(Pilgrim Fathers)'라고 불리면서 미국인들의 조상으로 여겨졌지. 매사추세츠 사람들도 인디언에게 옥수수 재배법을 배워 먹을거리를 마련했어. 또 칠면조 고기를 얻거나 집 짓는 법도 전수받았지.

종교적 탄압을 피해 아메리카로 건너오는 영국인들은 점점 많아졌어. 이들은 네덜란드의 식민지인 뉴암스테르담에 눈독을 들였지. 급기야 네덜란드와 전쟁을 벌여 이 지역을 빼앗고는 ★**요크 공**의 이름을 따서 이 지역의 이름을 **뉴욕**으로 바꾸었어. 이처럼 다른 나라의 식민지를 빼앗기까지 하면서 북아메리카의 영국 식민지는 13곳으로 늘어났어.

낱말 체크

★ **탐사** 알려지지 않은 사물이나 사실 따위를 샅샅이 조사함.

★ **요크 공** 나중에 영국 왕 제임스 2세가 된 사람.

제임스타운

북아메리카에 최초로 건설된 영국 식민지야. '제임스타운'은 영국 왕, 제임스 1세를 기리기 위해 붙인 이름이지. 현재 그 자리에는 영국에서 이주해 온 사람들이 살던 모습을 엿볼 수 있는 정착촌 박물관이 세워져 있어.

쏙쏙 퀴즈 맞는 것 고르기

1. 영국에서 출발한 이들은 (북아메리카 / 남아메리카) 동부 해안에 도착했다.

2. 메이플라워호를 타고 온 이들은 (버지니아 / 매사추세츠) 지역에 정착했다.

▶ 포카혼타스 ▼

포카혼타스는 인디언 추장의 딸이었는데, 17살 때 영국인에게 포로로 잡힌 적이 있어. 제임스타운에 잡혀 있는 동안 포카혼타스는 영어도 배우고, 종교도 크리스트교로 바꿨어. 18살에는 영국인 존 롤프와 결혼까지 했지. 영국에 여행 가기도 했는데, 미국으로 돌아오는 도중 병에 걸려 죽고 말았어. 포카혼타스는 백인들을 도운 원주민으로 널리 알려졌고, 애니메이션까지 제작되면서 더욱 유명해졌지.

영국식으로 차려입은 포카혼타스

 18세기 아메리카

109 북아메리카에서 독립 전쟁이 일어나다

#영국 본토 재정 부족
#보스턴 차 사건
#<독립 선언문> #파리 조약
#대표없는곳에세금없다!

영국은 식민지를 열심히 늘려 나가던 중 똑같이 북아메리카에서 식민지를 확장하던 프랑스와 부딪치게 됐어. 영국은 프랑스와 싸운 끝에 북아메리카의 중부 지역을 빼앗았지. 식민지는 늘어났지만, 전쟁에 많은 돈을 쏟아부은 탓에 영국 본토의 재정은 바닥나고 말았어.

"식민지에서 세금을 거둬 재정을 메웁시다."

영국은 북아메리카 식민지를 엄히 다스리며 세금을 거두려 했어. 식민지로 들어가는 물건에 높은 ★관세를 매기고, 신문·달력 등 인쇄물에 ★인지를 사서 붙이게 했지. 식민지 사람들은 발끈했어. 그동안 자체적인 의회를 만들어 예산을 세우고 식민지 안에서 스스로 세금을 거둬 왔기 때문이야.

"영국 의회에서 자기들끼리 정하다니, 식민지 대표는 영국 의회에

참석도 안 했는데! 대표 없는 곳에 세금 없다!"

식민지 사람들은 영국 본토에 세금 내기를 거부하고, 영국 제품 불매 운동을 벌이는 등 맹렬하게 저항했어. 거센 저항에 영국은 대부분의 세금을 없앴지.

하지만 영국은 ★동인도 회사에게 식민지 차 판매 독점권을 주었어. 여기서 차는 홍차를 우려내는 찻잎이야. 이제껏 식민지에서 차를 판매했던 상인들은 이 조치에 크게 반발했어.

어느 날 밤, 화가 난 식민지 사람들은 인디언으로 변장해 보스턴항에 있던 영국 동인도 회사의 배를 습격했어. 이들은 배에 실린 차 상자들을 바다에 던져 버렸지. **보스턴 차 사건**이 일어난 거야.

"식민지에서 반란을 일으켰다고?"

영국은 군함을 보내 보스턴항을 막아 버리고 전투태세에 들어갔어. 식민지 대표들은 '대륙 회의'를 열어 조지 워싱턴을 총사령관으로 임명하고, 1776년 7월 4일 〈독립 선언문〉을 발표했어. 그렇게 독립 전쟁이 시작되었지.

식민지 군대는 영국군보다 훨씬 약했지만, 유럽 국가들이 끼어들면서 전쟁의 판도가 바뀌었어. 기세등등한 영국에 타격을 주려고 유럽 국가들이 하나같이 식민지 편을 든 거야. 결정적으로 프랑스가 군수품과 화약을 공급해 준 덕분에 식민지 군대는 독립 전쟁에서 승리를 거둘 수 있게 되었어. 그 후 영국은 **파리 조약**을 맺어 북아메리카 13개 주의 독립을 인정했지.

낱말 체크

★ **관세** 수입하는 물건에 매기는 세금.

★ **인지** 수수료나 세금을 낸 증거로 서류에 붙이는 종이 표.

★ **동인도 회사** 유럽 국가들이 아시아 무역을 위해 세운 독점 무역 회사.

미국 독립 선언문

모든 사람은 평등하게 태어났고, 생명권·자유권·행복 추구권을 지니며, 이를 지키지 않는 정부를 바꾸거나 없앨 권리가 있다는 내용이야. 이 내용은 미국 독립을 넘어 전 인류가 추구할 가치를 담고 있어.

쏙쏙 퀴즈  맞으면 O, 틀리면 X

1 영국 의회는 식민지 대표를 초청해 세금 정책에 대해 논의했다. ☐

2 영국은 동인도 회사에 아메리카 대륙 식민지의 커피 판매 독점권을 주었다. ☐

▶ **미국인들은 왜 커피를 즐기게 되었을까?** ▼

영국인들의 홍차 사랑은 유명하지. 영국을 떠나온 식민지 사람들도 처음에는 그랬어. 하지만 보스턴 차 사건의 영향으로 미국인의 애국심이 강조되면서, 차보다 커피를 즐기게 되었다는 이야기가 있어. 하지만 사실 차를 대신할 수 있는 값싼 커피가 들어온 것이 더 큰 이유일 거야. 커피가 아이티, 브라질 등에서 대량 생산되면서 가격이 뚝 떨어졌거든.

18세기 아메리카

110 최초의 민주 공화국인 미국이 탄생하다

#연방 정부 #삼권 분립
#대통령 #조지 워싱턴
#미국 탄생 #미국 혁명
#초강대국미국의등장_짜잔~

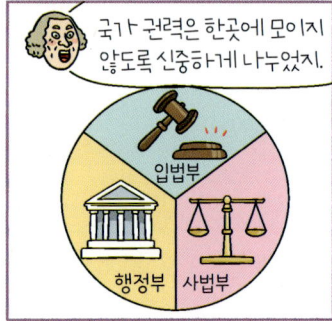

영국에서 독립한 북아메리카의 13개 주는 아직 통일된 국가가 아니었어. 그런 상태로는 외교, 경제 등 굵직굵직한 문제를 해결할 수 없었지. 이 때문에 강력한 *연방 정부*가 필요하다는 주장이 제기되었어. 강력한 연방 정부는 각 주의 자유를 억압할 수 있다고 반대하는 사람들도 있었지.

그러나 각각의 주에서는 해결할 수 없는 여러 문제가 터지자, 13개 주는 연방 정부를 세우기로 결정했어. 그리고 우선 연방 헌법을 만들기 위해 13개 주의 대표 55명이 모였지. 독립 전쟁 때 총사령관이었던 **조지 워싱턴**이 회의의 의장을 맡았어. 처지가 다른 13개 주의 의견을 모아 합의를 이루기는 몹시 힘들었지만, 기나긴 토론 끝에 드디어 연방 헌법이 만들어졌지.

국가 권력이 한곳에 집중되지 않도록 법을 만드는 입법부, 정책을 실행하는 행정부, 재판을 집행하는 사법부의 **삼권으로 나누었어**. 그리고 13개 주의 의견을 골고루 반영해 나랏일을 할 수 있도록 연방 의회를 만들었지.

의회는 처음에는 하나였지만, 곧 상원과 하원, 둘로 나누어 서로를 견제하게 했어. 하원에서는 세금과 같은 국민의 실생활에 밀접한 정책을 결정하고, 상원에서는 해외 군대 파견, 조약 체결과 같은 나라의 큰 일들을 결정하지.

"하원 의원은 각 주의 인구에 비례해서 뽑고, 상원 의원은 각 주에서 2명씩 뽑읍시다."

행정부를 이끄는 대통령은 각 주에서 뽑힌 선거인단이 연방 수도에 모여 선출하고, 사법부는 대법원이 이끌게 했어. 불완전한 부분은 '수정 헌법'으로 추가하기로 하고, 이 헌법은 각 주의 ★비준을 받았어.

드디어 1789년 열린 첫 번째 대통령 선거에서 조지 워싱턴이 당선되었어. 미국 역사상 유일하게 만장일치로 대통령에 당선되었지.

"국민이 뽑아 주셨으니 책임을 다하겠습니다."

워싱턴이 대통령 업무를 시작하면서 **아메리카 합중국(미국, USA)**이 정식으로 ★출범했어. 이처럼 헌법을 만들어 ★민주 공화국을 세우고 대통령을 선출한 것은 세계에서 처음 있는 일이야. 정치적으로 급격한 변화가 일어났기 때문에 이 사건을 **미국 혁명**이라고 해. 프랑스를 비롯한 여러 나라가 민주주의로 나아가는 데 큰 영향을 주었지.

낱말 체크

★ **연방** 자치권을 가진 여러 주가 연합하여 구성하는 국가.
★ **비준** 확인하고 동의하는 절차.
★ **출범** 새로 조직되어 일을 시작함.
★ **민주 공화국** 국민이 주권을 가지고 행사하는 나라.

성조기

미국의 국기는 '성조기'라고 불러. 성조기는 별과 줄로 이루어진 깃발이야. 영국과 독립 전쟁을 치를 때 처음 만들어졌지. 13개의 줄은 〈독립 선언문〉 발표 당시의 13개 식민지를 나타내. 별은 새로운 주가 생길 때마다 추가되어 현재 50개가 되었지. 번갈아 그려진 붉은 줄과 흰 줄은 조화와 화합을 뜻해.

▶ 미국의 수도 워싱턴 D.C.

미국의 수도는 원래 뉴욕이었어. 하지만 1789년에 통과된 미국 헌법에 따라 새로운 수도 워싱턴 D.C.가 건설되었지. D.C.는 컬럼비아 지구(District of Columbia)의 준말이야. 여기에 초대 대통령 워싱턴의 이름을 붙였지. 이곳은 미국의 50개 주 가운데 어떤 곳에도 포함되지 않아. 연방 정부가 직접 지배하는 곳으로, 연방 의사당과 백악관이 자리하고 있지.

백악관

쏙쏙 퀴즈 맞는 것 고르기

1 미국의 연방 헌법은 나라의 권력을 (삼권/오권)으로 나누었다.

2 미국 의회에서 나라의 큰일을 결정하는 사람들은 (상원/하원) 의원이다.

19세기 아메리카

111 미국의 영토가 서쪽으로 계속 확장되다

#서부 개척 #영토 확장
#인디언 추방법 #눈물의 길
#골드러시 #대륙 횡단 철도
#미국의확장은인디언의눈물

미국의 3대 대통령 **토머스 제퍼슨**은 진즉부터 탐사대를 보내 서부에 대한 지식을 차곡차곡 모았어. 그러고는 루이지애나의 넓은 땅을 프랑스로부터 사들였지. 덕분에 미국의 면적은 순식간에 두 배가 되었어. 이렇게 미국은 서부 땅을 유럽 국가들한테 사들이거나, 옮겨 가 살면서 개척했지.

그런데 서부에는 오래전부터 원주민인 인디언들이 터를 잡고 살고 있었어. 미국은 인디언을 고려하지 않은 채 자기들끼리 마음대로 서부를 개척한 거야.

"미국은 '인디언 보호 구역'을 만들 것이니, 인디언은 그곳에 가서 살아야 한다."

인디언들은 미국이 만든 '**인디언 추방법**'에 따라 정든 고향을 강제

로 떠나야 했어. 미시시피강 동쪽에 살고 있던 체로키족도 오클라호마의 인디언 보호 구역으로 이주했지. 이들이 걸어간 길은 약 1,300km나 돼. 하루치 식량은 삶은 옥수수 한 줌, 순무 하나, 물뿐이었대. 수많은 인디언이 길바닥에서 추위와 굶주림, 전염병에 시달리다가 죽었지. 이 길은 훗날 '눈물의 길'이라 불렸어.

미국은 서쪽으로 쭉쭉 나아가 텍사스에 이르렀어. 멕시코와 전쟁을 치러 텍사스를 빼앗았고, 뒤이어 캘리포니아도 손에 넣었지. 그런데 엄청난 사건이 일어났어. 캘리포니아에서 금이 발견된 거야.

"금을 찾기만 하면 나도 떼부자가 될 수 있다고!"

수많은 사람들이 금을 찾아 캘리포니아로 몰려들었어. 이를 금(gold)을 찾아, 몰려간다(rush)고 해서 **골드러시**라고 해. 골드러시가 끝나고 나서도 사람들은 대부분 서부에 눌러앉았어. 주민들이 시장을 뽑고, 재판소도 세우면서 서부에도 민주주의가 뿌리내리기 시작했지.

미국 동부에서 서부까지는 4,000km가 넘는 엄청난 거리야. 그러나 1869년 **대륙 *횡단 철도**가 완공되면서 동부와 서부의 교류가 활발해졌고, 서부 개척의 속도도 더욱 빨라졌지. 미국인들은 철도 공사를 방해하는 *버펄로 떼와 저항하는 인디언들을 마구 죽였어.

그러한 희생 속에서도 미국의 영토 확장은 계속되었어. 북서쪽 끝에 있는 알래스카 땅을 러시아로부터 사들였고, 1897년에는 하와이가 미국에 편입되었지. 100여 년 만에 영토가 여섯 배로 늘어난 거야.

낱말 체크

★ **횡단** 동서의 방향으로 가로 건넘.

★ **버펄로** 들소나 물소.

카우보이

드넓은 서부에는 소를 몰고 다니며 파는 카우보이들이 많았어. 하지만 위험한 야생 동물과 도둑이 언제 나타날지 몰랐지. 그래서 카우보이들은 목숨과 재산을 지키기 위해 총을 들고 다니기 시작했어. 대륙 횡단 철도가 완공된 후 이들은 소를 팔기 위해 철도가 지나는 곳까지 소를 몰고 왔어.

쏙쏙 퀴즈 맞으면 O, 틀리면 X

1 미국은 서부로 영토를 확장하는 과정에서 '인디언 추방법'을 만들었다.

2 수많은 사람들이 금을 찾아 캘리포니아로 갔는데, 이를 '골드키위'라고 한다.

▶ 광산에서 불티나게 팔린 청바지

골드러시 때 금을 찾지 않고도 대박이 난 사람이 있어. 청바지를 발명한 리바이 스트라우스야. 그는 광부들의 옷이 금세 해지는 것을 알고, 군대에서 쓰는 질긴 천막과 돛천으로 작업복을 만들었지. 이 옷은 아주 튼튼하면서도 편안해 캘리포니아 광부들 사이에서 크게 유행했어. 청바지는 지금도 전 세계에서 사랑받고 있지.

리바이 스트라우스 청바지

17~19세기  아메리카

112 미국 남부에 흑인 노예들이 늘어나다

#남부_면화 재배
#흑인 노예 경매
#북부_상공업 발달
#인디언=흑인=백인=사람

제임스타운에 정착한 영국 이주민들은 조금씩 새로운 환경에 적응해 갔어. 담배를 유럽에 수출해 큰돈도 벌었지. 그러다 1619년 제임스타운 근처 바닷가에 배 한 척이 도착했고, 배에서 내린 사람들은 이렇게 제안했어.

"흑인 20명을 사지 않겠소? 대신 식량을 주시오."

제임스타운 사람들은 흔쾌히 이 제안을 받아들였어. 미국에 흑인이 첫발을 디딘 순간이었지. 이 흑인들은 계약 기간 동안 하인이 되어 일하기로 했어. 하지만 계약 증서가 없다 보니 그냥 노예나 마찬가지였지.

시간이 흐르면서 노예가 필요한 곳은 점점 많아졌어. 특히 넓은 농장이 펼쳐진 **남부**에서 더욱 그랬지. 주로 담배 농사를 짓던 남부 사람들은 담뱃값이 뚝 떨어지자 면화를 재배하기 시작했어. 마침 영국에서 실과 옷감을 만드는 기계가 발명되면서 ★면직물이 대량 생산

118

되었고, 덕분에 **면화**의 수요가 폭발적으로 늘어났지.

남부 농장 주인들은 돈 벌 욕심에 눈이 벌게졌어. 대량의 면화를 빨리 따려면 수많은 일꾼이 필요한데, 백인 하인들은 걸핏하면 일을 그만두었어. 고된 일을 버티지 못한 데다, 흑인과 일하는 것을 수치스럽게 생각했기 때문이야. 그러니 농장 주인은 **흑인 노예**를 늘릴 수밖에 없었어. 너도나도 노예를 찾자 노예 ★경매까지 생겼지.

"건장한 체격을 보세요. 입속도 한번 볼까요? 빠진 치아가 하나도 없습니다."

노예는 튼튼할수록 비싼 값에 팔렸어. 주인이 결정되고 나면 노예는 농장으로 끌려가 중노동에 시달렸지. 잠시라도 쉬려 하면 주인이 채찍으로 후려갈겼어.

이러한 노예 제도는 유럽에 혁명의 바람이 불던 18세기 후반부터 강한 비판을 받았어. 짐승보다 못한 대우를 받는 노예 노동의 실태가 알려졌을 뿐 아니라, 경제적 이익을 따져 보면 값싼 임금의 노동자가 노예보다 낫다는 생각이 퍼졌기 때문이야.

영국이 먼저 법을 만들어 노예 무역을 없앴고, 미국 북부도 점차 노예 제도를 폐지했지. 상공업이 발달한 미국 **북부**에서는 노예가 그다지 필요하지 않았어. 반면 미국 남부는 노예제 폐지에 결사적으로 반대했지. 흑인 노예 없이는 면화 농장이 제대로 돌아갈 수 없었기 때문이야.

낱말 체크

★ **면직물** 면화 솜으로 짠 물건을 통틀어 이르는 말.

★ **경매** 여럿이 물건을 사려 할 때, 값을 가장 높이 부르는 사람에게 파는 일.

면화 수확

면화는 열매가 벌어지기 전에 빨리 따야 해. 그러지 않으면 솜이 바람에 날아가거나 땅에 떨어져 상품 가치가 떨어지기 때문이야. 1793년 면화에서 씨를 분리하는 기계가 발명된 후, 노예들은 더 빨리 면화를 따야 했어.

▶ 흑인 노예들의 굶주림을 채워 주었던 프라이드치킨

미국 농장 주인들은 닭고기를 끓이거나 쪄서 먹고, 남은 것을 노예들에게 주었어. 그러고 나면 노예들은 백인들이 잘 안 먹는 날개, 발 등을 튀겨서 먹었지. 프라이드치킨은 여기서 비롯된 음식이야. 1930년 샌더스가 켄터키주에서 팔기 시작한 후, 프라이드치킨은 전 세계적으로 사랑받는 음식이 되었지.

쏙쏙 퀴즈 맞는 것 고르기

1 미국 (남부/북부)에서는 면화를 많이 재배하였다.

2 남부의 농장 주인들은 많은 일꾼이 필요하여 (백인/흑인) 노예를 사들여 일을 시켰다.

19세기 아메리카

113 링컨이 남북 전쟁을 승리로 이끌다

#미국 노예 제도
#링컨 #남북 전쟁
#북부군 승리 #노예 해방
#역대가장큰미국대통령193cm

노예제 문제를 둘러싼 미국 북부와 남부의 갈등은 갈수록 심해졌어. 북부에선 비인간적인 노예제 폐지를 주장했고, 남부에선 노예제 유지를 주장했지.

그러한 가운데 미국 대통령 선거가 치러졌어. 남부에는 마땅한 인물이 없었지만, 북부에서는 **링컨**의 인기가 나날이 치솟았지. 링컨은 마침내 북부 사람들의 열렬한 지지를 받아 대통령에 당선되었어. 대통령에 취임하는 그는 이렇게 연설했지.

"나는 노예 제도에 간섭할 권한도 없고, 그럴 생각도 없습니다."

미국은 각 주의 *자치권을 중시하기 때문에 연방 정부가 간섭할 수 없어. 아무리 대통령이어도 감 놔라 배 놔라 할 수가 없었지. 무엇보다도 링컨은 남부와 북부가 의견 차이로 두 동강 나는 사태를 막고 싶

었어.

하지만 남부의 사우스캐롤라이나를 비롯한 7개 주는 링컨을 대통령으로 인정하지 않았어. 곧 연방 탈퇴를 선언하고 남부 연합을 결성한 다음 **남북 전쟁**을 일으켰지. 미국인들은 형제든, 친구든 가리지 않고 오로지 남부냐 북부냐에 따라 총부리를 겨누었어.

전쟁 초기까지만 해도 남부군이 여러 번 승리를 거두었어. 면화를 수입하는 영국과 프랑스가 남부군 편을 들 가능성도 높았지.

'남부군을 어떻게서든 ★고립시켜야 해. 미국 연방의 보존이 아니라 인간의 자유를 내세워야겠어.'

초조하게 전쟁 상황을 지켜보던 링컨은 고심 끝에 결정적인 선언을 했어.

"노예를 해방합니다. 노예였던 사람들은 모두 자유로울 것입니다."

이 선언에 많은 사람들이 인간의 자유를 생각하며 가슴이 먹먹해졌어. 북부군은 정의를 위해 싸운다는 생각에 불끈불끈 힘이 났고, 영국과 프랑스도 링컨과 북부군을 지지한다고 선언했지. 남부에서 도망친 흑인 노예들 여럿이 해방을 위해 북부군에 입대하면서 남북 전쟁은 정말 노예들을 위한 전쟁이 되어 버렸어.

게다가 주로 농사를 짓던 남부는 산업이 발달한 북부에 여러모로 밀렸어. 마침내 **북부군이 남북 전쟁에서 승리**를 거두었지. 이후 미국은 전쟁의 상처를 빠르게 회복하고 국민 단합을 이루었어.

낱말 체크

★ 자치권 스스로 다스릴 권리.

★ 고립 외따로 떨어짐.

게티즈버그 연설

남북 전쟁 때 북부군과 남부군은 게티즈버그에서 3일 동안 맹렬히 싸웠어. 북부군이 승리하기는 했지만 양쪽 모두 엄청난 피해를 입었지. 몇 달 후 링컨이 이곳을 방문해 "국민의, 국민에 의한, 국민을 위한 정치"를 위해 다 같이 노력하자고 연설했어. 이 연설은 민주주의의 핵심을 담은 감동적인 연설로 꼽히곤 해.

▶ 남북 전쟁의 승패를 가른 빵 ▼

미국 남부는 전쟁 중에 곡물이 바닥나서 밀가루값이 치솟았어. 게다가 미시시피강이 봉쇄되는 바람에 밀 운송 통로가 막혔지. 결국 빵이 부족해지자 농장 주인들은 노예가 먹던 것보다 못한 음식을 먹어야 했어. 반면 북부는 농업의 기계화로 밀 생산이 순조로웠고, 철도가 곡물을 비롯한 물자를 빠르게 운송해 주었지. 이처럼 북부군은 노예 해방이라는 명분이 있었을 뿐 아니라 빵 문제도 거뜬히 해결했기 때문에 전쟁에 승리할 수 있었던 거야.

쏙쏙 퀴즈 맞으면 O, 틀리면 X

1 링컨이 당선된 후 링컨을 반대하는 북부의 주들이 모여 남북 전쟁을 일으켰다.

2 남북 전쟁이 일어나자 링컨은 노예 해방을 선언하였다.

이민 온 사람들이 어우러진 나라, 미국

굴러온 돌이 박힌 돌을 빼내듯, 영국에서 건너온 사람들은 오래전부터 살던 인디언들을 ★몰살하거나 외진 곳으로 쫓아내고 새로운 나라 미국을 만들었어. 이후 서부 개척에 나선 미국은 이민 오는 사람들을 적극적으로 받아들였지. 세계 사람들은 영국과 당당히 싸워 홀로 선 나라, 황무지를 거침없이 내달리는 마차에 대한 이야기를 들으며 가슴이 두근댔지. 많은 사람들이 미국을 자유분방한 나라, 새로운 가능성이 펼쳐진 곳으로 여겼어. 그렇게 아메리칸드림이 퍼져 나갔지.

★ 몰살 모조리 죽임.

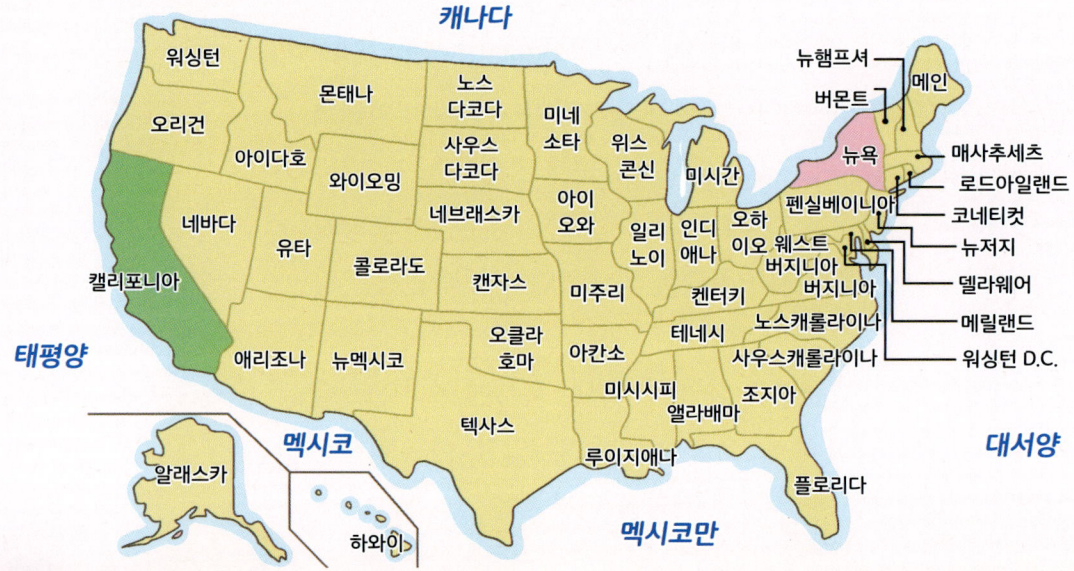

 ## 뉴욕으로 건너온 유럽 사람들

1840년 무렵, 아일랜드는 극심한 흉년에 시달렸어. 이때 수많은 아일랜드인이 뉴욕으로 이주해 왔지. 아일랜드인은 가톨릭을 믿었기 때문에 개신교를 주로 믿는 미국에서 갖은 차별과 구박을 받았어. 그래도 꿋꿋하게 버텨 미국에 정착했지. 미국의 35대 대통령, 존 F. 케네디가 바로 아일랜드 이민자의 후손이야.

남북 전쟁 후 경제가 빠르게 발전하면서 미국에는 일자리가 넘쳐 났어.

유럽 여기저기에

미국 35대 대통령, 존 F. 케네디(1917~1963)

서 건너온 사람들의 피땀 어린 노력으로 미국 경제는 성큼성큼 성장했지. 이들이 고향에 보낸 편지는 아메리칸드림을 더 널리 퍼뜨렸어.

이민자들은 대서양을 건너 기나긴 항해 끝에 뉴욕항에 도착했어. 이들은 항구에 우뚝 서 있는 자유의 여신상에서 눈을 떼지 못했지. 자유의 여신상은 프랑스가 미국 독립 100주년을 기념해 만들어 준 선물이야. 뉴욕항 근처의 리버티섬에 위치한 자유의 여신상은 이민자들을 환영하는 듯했어. 받침대에 적힌 '가난하고 지친 사람들, 자유롭게 숨 쉬기를 갈망하는 무리여, 내게로 오라.'는 문구 또한 이민자들에게 희망을 심어 주었지.

▶ **자유의 여신상**

오른손에는 어둠을 밝히는 횃불을, 왼손에는 미국의 〈독립 선언문〉을 들고 있어. 왕관에서 뻗어 나온 일곱 개의 가지는 전 세계로 자유가 퍼져 나감을 상징해. 쇠사슬을 밟고 있는 발은 억압으로부터의 해방을 뜻하지.

 캘리포니아로 건너온 중국인들

골드러시 때는 수많은 중국인이 태평양을 건너 캘리포니아로 건너왔어. 그러나 중국인들은 대부분 허탕을 치고, 대륙 횡단 철도를 건설하거나 항구에서 짐 옮기는 일을 하게 되었어. 이들은 아주 적은 돈을 받으며, 궂은일도 마다하지 않았어. 미국인들에게 당하는 무시, 차별도 이겨내야 했지. 그러한 가운데 중국인들이 모여 살면서 미국 곳곳에 차이나타운이 생겨났어.

미국에는 세계 각지에서 다양한 사람들이 건너와 살고 있지만, 미국 사회를 주도하는 사람들은 개신교를 믿는 백인들이야. 미국의 역대 대통령 중에 개신교를 믿지 않는 사람은 케네디와 버락 오바마 둘뿐이지. 그래서 그런지 미국 사회에는 여전히 흑인이나 아시아인들에 대한 차별과 편견이 남아 있어. 다양한 사람들이 모여 사는 곳인 만큼, 진정한 자유와 평등을 이루기 위해 모두 함께 노력해야겠지?

캘리포니아의 차이나타운

 18세기 유럽

114 프랑스 사람들의 불만이 폭발하다

#프랑스 3신분
#루이 16세 #재정 적자
#부르주아 #삼부회
#세금은쓰는사람이내지그래?

미국이 탄생할 무렵, 프랑스는 겉은 멀쩡해도 속은 *곪아 가고 있었어. 태양왕 루이 14세 이후 프랑스 왕실은 돈을 펑펑 쓰며 사치를 일삼았거든. 그 많은 돈은 대부분 평민이 내는 세금에서 나왔지. 평민들은 한숨을 푹푹 내쉬었어.

"무슨 세금이 갈수록 늘어?"

당시 프랑스 사람들의 **신분은 세 가지**로 나뉘었어. 제1 신분은 성직자, 제2 신분은 귀족, 제3 신분은 평민이었지. 제1, 2 신분은 소수이지만 많은 재산에 명예까지 누리면서도 세금을 내지 않았어. 반면 프랑스 시민 대다수가 속하는 제3 신분 사람들은 세금을 내면서도 정치에는 참여하지 못했지.

그런데 제3 신분 중에서도 부유한 사람들이 있었어. **부르주아**라 불린 이 사람들은 법률가나 의사, 또는 은행 일이나 장사를 하다가 부

자가 된 사람들이었지. 좋은 집안에서 태어난 귀족과 달리, 부르주아는 자기 능력과 노력으로 성공한 데다 계몽사상의 영향도 받았어.

"바다 너머에 민주 공화국이 세워졌다며! 여기서도 그런 변화가 일어나야 할 텐데…."

미국 혁명이 일어났다는 소식에 부르주아들은 가슴이 설레었어. 프랑스에도 커다란 변화가 불기를 기대했지. 그러나 국왕 **루이 16세**는 돈 걱정만 하고 있었어. 미국 독립 전쟁을 돕느라 돈을 너무 많이 써 버린 거야. 막대한 ★적자를 메우려면 제3 신분의 세금만으로는 부족했어. 성직자와 귀족에게도 세금을 거둘 필요가 있었지.

하지만 어떤 성직자와 귀족이 이 제안에 찬성하겠어? 반대에 부딪히자 루이 16세는 세 신분의 대표들로 구성된 의회, **삼부회**를 소집했어. 삼부회의 투표 방식은 각 신분이 한 표를 행사하는 거였어. 제1 신분과 제2 신분이 의견이 같아 두 표가 되면, 제3 신분은 한 표뿐이라 2대 1로 질 수밖에 없었지. 제3 신분의 대표들은 투표 방식을 바꿔 달라고 요구했어.

"대다수 국민인 제3 신분의 의견이 반영될 수 있도록 투표 방식을 바꿔 주시오."

제3 신분은 신분에 상관없이 한 사람당 한 표씩 행사할 것을 요구했어. 이 요구가 받아들여진다면 사람 수가 많은 제3 신분이 절대적으로 유리했지. 하지만 삼부회의 투표 방식은 바뀌지 않았어.

★ **곪다** 상처에 염증이 생겨 고름이 들게 되다.

★ **적자** 수입보다 많은 지출로 부족해진 돈.

혁명 전 프랑스의 신분제

깃털 모자를 쓴 사람이 제2 신분이고, 가운데 십자가 목걸이를 한 사람이 제1 신분이야. 제3 신분은 해진 옷을 입은 채 두 신분을 힘들게 업고 있지. 신분제 때문에 평민이 성직자와 귀족에게 억압받고 착취당했던 현실을 그림으로 표현한 거야.

▶ **귀족은 반바지, 평민은 긴바지** ▼

혁명 전 유럽의 귀족 남자들은 반바지를 입고 고급 스타킹을 신었어. 놀고먹는 사람들이라 한껏 멋을 부린 거야. 반면 평민들은 바삐 일하는 사람들이라 긴바지를 입었어. 부르주아들도 사치 부리는 귀족을 경멸하며 긴바지에 조끼, 재킷을 입고 다녔지. 프랑스 혁명 후에는 귀족들의 화려한 옷이 사라지고 긴바지가 유행하게 돼. 그리고 영국에서 시작된 수수한 남성 정장이 들어와 부르주아들 사이에 퍼졌어.

 **맞는 것 고르기**

1 프랑스 제3 신분 중에서도 부유한 사람들을 (엄친아 / **부르주아**)라고 했다.

2 루이 16세는 부족한 세금을 메꾸기 위해 (삼치회 / **삼부회**)를 소집했다.

18세기 유럽

115 프랑스 혁명이 일어나다

#국민 의회 #바스티유 습격
#〈인간과 시민의 권리 선언〉
#입법 의회 #프랑스 혁명
#시민들이화나면무섭다!

제3 신분의 대표들은 요구한 대로 투표 방식이 바뀌지 않자, 삼부회를 거부하고 **국민 의회**를 구성했어. 일부 성직자와 귀족도 이들과 뜻을 함께했지. 루이 16세가 회의실을 막아 버리자, 국민 의회는 테니스 코트로 가서 이렇게 맹세했어.

"헌법을 만들기 전까지는 해산하지 않을 것이다!"

군대가 이들을 해산하려 한다는 소문이 들려오자, 파리 시민들은 무기를 모아 **바스티유 감옥**으로 몰려갔어. 바스티유는 파리를 지키는 요새였는데 감옥으로 사용되면서 절대 왕정의 *압제를 상징하는 곳이 되었지. 시민들은 바스티유를 점령하고 대포, 화약 등 무기를 빼냈어. 1789년 7월 14일, 그렇게 **프랑스 혁명**이 시작되었지.

혁명은 곧 전국으로 퍼져 나갔어. 농민들은 영주의 성으로 쳐들어

가 자신들을 억압하던 문서들을 불태웠어. 국민 의회는 봉건제 폐지를 선언하고, <인간과 시민의 권리 선언>을 발표했지. 이 선언문에는 자유와 평등, 그리고 압제에 맞서 저항할 권리가 분명히 담겨 있었지.

국민 의회 의원들은 곧 헌법 제정에 착수했어. 이들은 아직 왕을 없앨 생각은 없었지. 다만 왕의 권한을 어느 정도로 제한할지에 대해 의견이 갈렸어. 이때 의장을 중심으로 의원들을 왼쪽과 오른쪽에 나눠 서게 하고 머릿수를 헤아렸는데, 왕정 폐지라는 급진적 개혁을 주장하는 파벌은 왼쪽에, 안정적 개혁을 주장하는 파벌은 오른쪽에 앉았지. 여기서 좌파와 우파라는 말이 생겨난 거야.

우왕좌왕하는 사이에 물가는 폭등해 사람들은 먹고살기가 더 팍팍해졌어. 화가 난 시민들은 베르사유 궁전으로 몰려가 루이 16세와 그의 가족을 파리로 데려와 감시하기 시작했지. 그러나 루이 16세는 밤을 틈타 가족과 함께 오스트리아로 탈출을 시도했어.

하지만 이들은 국경 근처에서 붙잡히고 말았어. 왕이 도망치려 했다는 소식에 프랑스 국민들은 단단히 화가 났지. 그러한 가운데 국민 의회가 드디어 헌법을 만들었어. 이 헌법은 입헌 군주제를 채택했지만, 주권은 국민에게 있었지. 그 후 국민 의회는 해산하고, 새 헌법에 따른 법률을 만들기 위한 **입법 의회**를 열었어.

낱말 체크

★ 압제 권력이나 폭력으로 강제로 누름.

프랑스의 삼색기

프랑스 혁명군은 파리를 상징하는 파란색과 빨간색 사이에 부르봉 왕실의 하얀색을 넣은 모자를 썼어. 나중에 이 세 가지 색이 프랑스 국기에 들어가면서 파란색은 자유, 흰색은 평등, 빨간색은 우애를 상징하게 되었지.

도망 와중에도 멈출 수 없었던 루이 16세의 식탐

루이 16세는 엄청 많이 먹는 대식가에, 맛을 따지는 미식가였어. 오스트리아로 탈출하던 중에도 그는 맛있는 음식을 먹고 싶어 했대. 돼지 족발탕으로 유명한 도시를 지나자, 바로 마차를 멈추었지. 신하들은 어서 도망쳐야 한다며 말렸어. 하지만 루이 16세는 돼지 족발탕을 먹고 나서야 길을 떠났고 결국 붙잡히고 말았어.

쏙쏙 퀴즈 맞는 것 고르기

1. 제3 신분은 투표 방식이 바뀌지 않자 삼부회를 거부하고 (국민 의회 / 입법 의회)를 구성했다.

2. 파리 시민들은 감옥으로 쓰였던 (배를사유 / 베르사유)를 점령했다.

프랑스 혁명에 휩싸인 왕비, 마리 앙투아네트

마리 앙투아네트
(1755~1793)

마리 앙투아네트는 오스트리아의 어여쁜 공주였어. 오스트리아는 프로이센과 싸우기 위해 오랜 적국, 프랑스와 결혼 동맹을 맺기로 했지. 그렇게 막내딸 앙투아네트는 프랑스의 루이 16세에게 시집을 갔어.

하지만 프랑스 사람들은 적국의 공주가 프랑스 왕비가 되는 게 못마땅했어. 그러던 차에 그녀에 대한 ★유언비어가 돌면서 더 앙투아네트를 싫어하게 됐지.

당시 프랑스 사람들은 굶주림과 추위로 고통받고 있는데 왕실과 귀족들은 파티나 즐기고, 세금은 잔뜩 거둬 가니 불만이 터질 것 같았지. 그런 불만이 앙투아네트에게 쏠렸던 거야.

★ 유언비어 근거 없이 널리 퍼진 소문.

 ## 프랑스로 시집가다

결혼식 날, 요란한 천둥이 치고 벼락이 떨어졌대. 불꽃 축제에서는 화재가 발생해 100여 명이 죽었어. 곧바로 축제가 중단되었지만 엉뚱한 소문이 퍼졌지.

"왕비는 여전히 파티 중이라며? 사람들이 죽었는데도 전혀 아랑곳하지 않는대."

몇 년이 지나도록 후계자를 낳지 못하자 그녀에 대한 여론은 더욱 나빠졌어. 앙투아네트는 현실을 잊으려는 듯 날마다 파티를 즐기고, 밤이면 도박장에 드나들었어. 값진 장신구로 몸을 치장하고, 고급 드레스를 입는 데 열을 올렸지.

앙투아네트는 풍선처럼 부풀린 '푸프' 헤어스타일을 즐겼어. 이 헤어스타일은 귀부인 사이에서 유행했지. 머리를 고정하기 위해 물에 섞은 밀가루와 옥수수 가루를 썼는데, 평민들 눈엔 음식 장난으로밖에 안 보였어. 먹을 빵도 부족한데 말이야. 앙투아네트가 이런 머리를 처음 한 사람은 아니었지만, 비난은 온통 그녀에게 쏠렸어.

푸프로 멋을 낸 귀부인

국민 밉상이 되다

복원된 목걸이 모형

목걸이 사건까지 터지면서 앙투아네트는 더욱 밉상이 되었지. 앙투아네트와 친분을 쌓고 싶어 하는 성직자에게 어떤 사기꾼 백작 부인이 다가와 자기가 왕비의 친구라고 주장하며 이렇게 말했어.

"최고의 다이아몬드 수백 개로 만든 목걸이를 앙투아네트에게 사 주면 좋아할 거예요. 돈만 주시면 제가 전달해 드리죠."

성직자는 백작 부인의 말을 믿고 돈을 건넸지만, 백작 부인은 돈을 들고 사라져 버렸어. 그런데 앙투아네트가 이 비싼 목걸이를 갖고 있다는 소문이 퍼진 거야.

앙투아네트는 결혼 8년 만에 임신에 성공했어. 아들도 낳았지만, 평판은 여전히 안 좋았지. 그래서 앙투아네트는 프랑스 사람들에게 친근하게 다가가려고 화려한 드레스가 아닌 하얀 면 드레스를 입은 초상화를 공개했어. 그러나 프랑스 사람들은 속옷처럼 보인다며 질색했지. 드레스의 재질이 경쟁국 영국에서 수입한 인도 면직물이라는 점도 비난이 쏟아지는 이유였어.

면 드레스를 입은 마리 앙투아네트

처형당한 앙투아네트

프랑스 혁명 때는 앙투아네트가 "빵이 없으면 케이크를 드세요."라고 했다는 유언비어까지 퍼졌어. 결국 마리 앙투아네트는 남편 루이 16세가 처형된 후 기요틴으로 끌려와 비극적인 죽음을 맞게 돼. 처형되던 순간에도 그녀는 당당한 모습을 보였다고 해.

프랑스 사람들에게 미움을 받긴 했지만, 앙투아네트는 사실 그렇게 형편없는 사람은 아니었어. 패션뿐 아니라 과학과 예술에도 관심이 많았지. 최초로 열기구를 띄운 몽골피에 형제도 후원했어. 루이 16세가 왕실을 조롱하고 신분제를 비판하는 내용이 거슬린다는 이유로 공연을 중단시킨 연극, 〈피가로의 결혼〉도 앙투아네트가 루이 16세를 설득한 덕분에 공연될 수 있었지. 그녀는 예술을 사랑하는 마음으로 간청해서 허락을 얻은 거야.

116 혁명의 소용돌이 속에 혼란이 계속되다

#국민 공회 #공화정 선포
#지롱드파와 자코뱅파
#로베스피에르 #공포 정치
#공포정치칼날의끝은자기자신

프랑스 혁명이 일어나자 주변 나라의 왕과 귀족들은 바짝 긴장했어. 혁명이 자기 나라로 번질까 봐 두려웠던 거야. 오스트리아와 프로이센은 군대를 보내 루이 16세와 왕비를 구출하겠다고 선언했어. 그러자 프랑스 혁명 정부는 과감하게 전쟁을 선포했지. 혁명 정부를 지키기 위해 ★의용군에 입대하는 사람들이 줄을 이었어.

이렇게 프랑스는 혁명에, 주변 국가들과의 전쟁까지 겹치면서 더없이 혼란스러워졌지. 번번이 외국군에 패배하는 가운데 물가는 치솟고 식량난이 이어졌어. 루이 16세가 프랑스를 배신하고 외국군과 손잡았을지 모른다는 소문까지 퍼졌지. 분통이 터진 사람들은 왕궁으로 쳐들어가 권력을 잡고, 루이 16세를 수도원의 탑 속에 가둬 버렸어.

그 후 세워진 **국민 공회**는 왕정을 폐지하고 **공화정**을 선포했어. 국

민 공회에서는 **지롱드파**와 **자코뱅파**가 맞섰는데, 지롱드파는 부자들 편에 선 반면, 자코뱅파는 가난한 사람들 편을 들며 과감히 정치를 바꾸려 했지.

"왕이 죽어야 나라가 삽니다!"

주도권을 잡은 자코뱅파는 루이 16세를 재판에 넘겨 기요틴에서 처형했어. 몇 달 후 왕비 마리 앙투아네트도 처형되었지. 이 소식에 온 유럽 국가의 지배자들은 소스라치게 놀라 동맹을 맺고 프랑스와의 전쟁에 들어갔어. 프랑스는 혁명이라도 얼른 ★완수해야 하는 상황에 놓였지.

이때 자코뱅파를 이끈 **로베스피에르**가 농민들에게 영주의 땅을 공짜로 나눠 주고 자꾸 치솟는 물가를 안정시키는 등 과감한 개혁을 실시했어. 그는 이러한 개혁을 실현하려면 반대 세력을 철저히 잡아내 없애야 한다고 생각했지.

누구든 혁명에 반대한다는 의심을 받으면 즉시 재판을 받고 처형되었어. 그 결과 짧은 기간 안에 수많은 사람이 총살되거나 강물에 던져져 죽음을 맞았지. 이를 **공포 정치**라고 해.

공포감을 조성하면서 권력을 오래 유지할 수는 없는 법. 결국 로베스피에르도 반대 세력에게 체포된 후 처형되었어. 이후 혁명은 보수적인 방향으로 흘렀고, 자코뱅파가 추구하던 과감한 개혁은 모두 사라져 버렸어.

낱말 체크

★ **의용군** 나라를 구하기 위해 민간인으로 조직된 군대.

★ **완수** 뜻한 바를 완전히 이룸.

기요틴

프랑스 혁명 때 사람들을 좀 더 빠르고 간단하게 처형할 수 있는 기요틴이 발명되었어. '목을 자르는 대'라는 뜻으로 단두대라고도 하지. 처형할 사람을 엎드리게 한 다음 끈을 잡아당기면 도끼가 밑으로 뚝 떨어졌어. 공포 정치 기간 동안 수많은 사람이 기요틴에서 처형되었지.

▶ **로베스피에르는 왜 처형되었을까?**

로베스피에르는 뛰어난 말솜씨와 청렴결백한 행동, 가난한 사람들을 위한 과감한 개혁으로 인기가 많았어. 하지만 혁명을 위해서라면 자신을 반대하는 이들은 모두 죽였던 그의 행동은 프랑스 사람들을 두려움에 떨게 했지. 결국 외국 군대를 어느 정도 물리치고 나자 반대파가 반란을 일으켰고, 로베스피에르는 자기가 반대파에게 했던 방식대로 기요틴에 올라 처형되고 말았어.

로베스피에르(1758~1794)

쏙쏙 퀴즈 맞으면 O, 틀리면 X

1 국민 공회가 공화정을 선포한 이후 지롱드파가 정치의 주도권을 잡았다.

2 로베스피에르는 혁명 반대 세력도 포용해 주었다.

19세기 유럽

117 나폴레옹이 프랑스 혁명의 막을 내리다

#나폴레옹 #전쟁의 영웅
#대륙 봉쇄령 #엘바섬 유배
#워털루 전투 #백일천하
#사전엔없어도알만한말인데…

로베스피에르가 처형되고 나서도 프랑스는 혼란 속에서 허우적댔어. 다른 나라들과의 전쟁도 계속되었지. 그러한 가운데 **나폴레옹**이 전쟁에서 매번 승리해 '국민 영웅'이 되었어.

"내 사전에 불가능이란 말은 없다. 공격하라!"

갈수록 인기가 치솟자 1799년, 나폴레옹은 군대를 동원해 *쿠데타를 일으켰어. 그러고는 권력을 혼자 틀어쥐고 국가 재정과 사법 제도 등을 정비했지. 프랑스 사람들은 대부분 나폴레옹의 통치를 긍정적으로 생각했어. 혁명 후 10년간 겪은 혼란이 지긋지긋했기 때문이야. 몇 년 후 나폴레옹은 국민 투표를 통해 황제 자리에까지 올랐지.

'나의 인기를 유지하려면 전쟁을 계속 벌여야 해.'

나폴레옹은 정복 전쟁을 계속 벌여 유럽 대부분을 격파했어. 라이

벌인 오스트리아와 프로이센 등도 무너뜨렸지. 하지만 나폴레옹도 어쩌지 못하는 나라가 있었어. 바로 바다 건너 있는 영국이야.

천하무적 나폴레옹도 영국 해군을 당해 낼 수는 없었어. 나폴레옹은 해전에서 실패한 뒤 **대륙 봉쇄령**을 내렸지. 영국을 궁지에 몰아넣기 위해 유럽 대륙의 항구를 막고 영국과 무역하지 못하게 한 거야.

하지만 영국은 대륙 봉쇄령에도 끄떡없었어. 아메리카와 무역하면 되었기 때문이야. 오히려 유럽 국가들이 영국과의 무역이 끊기는 바람에 고생했지. 결국 러시아는 대륙 봉쇄령을 어기고 영국과 다시 무역하기 시작했어.

나폴레옹은 이번엔 러시아를 혼쭐내러 원정을 떠났어. 하지만 혹독한 추위와 굶주림에 지친 나폴레옹의 군대는 러시아의 기습에 패배하고 말았지. 이때부터 나폴레옹은 몰락의 길을 걸었어. 유럽 연합군에게도 패한 뒤 나폴레옹은 황제 자리에서 물러나 이탈리아 근처의 엘바섬에 ★유배되었지.

그는 몰래 섬을 탈출해 다시 황제 자리에 올랐지만, **워털루 전투**에서 영국·프로이센군에게 패배한 후 세인트헬레나섬으로 유배되었어. 아프리카에서도 멀리 떨어진 섬이었지. 이때 나폴레옹이 다시 황제 자리에 있던 기간이 거의 100일이어서 이를 **백일천하**라고 해. 나폴레옹은 이곳에서는 탈출하지 못한 채 쓸쓸히 최후를 맞이했지.

낱말 체크

★ **쿠데타** 무력으로 정권을 빼앗는 일.

★ **유배** 죄인을 먼 시골이나 섬으로 보내는 일.

나폴레옹 법전

1804년 나폴레옹은 법전을 편찬해 프랑스 혁명의 성과를 계승했어. 그는 법전을 완성하기 위해 수십 번이나 회의를 열었대. 완성된 법전에는 자유·평등의 이념과 사유 재산의 원칙이 담겼지. 이 법전은 유럽 각국이 근대 법전을 만드는 데 큰 영향을 끼쳤어.

워털루 전투

1815년 엘바섬에서 돌아온 나폴레옹이 군대를 이끌고 벨기에 워털루에서 영국·프로이센 연합군과 전투를 벌였어. 프랑스군이 이 전투에서 진 후 나폴레옹의 시대는 막을 내렸지.

▶ 설정 샷의 원조! 나폴레옹 ▼

이탈리아 원정 때 나폴레옹은 눈 덮인 알프스산맥을 넘고야 말았어. 이때 나폴레옹은 노새를 타고 조심조심 움직였다고 해. 하지만 나폴레옹은 자크 루이 다비드에게 최대한 멋진 그림을 그리게 했어. 이 그림 속 나폴레옹은 멋진 말을 타고 손을 번쩍 든 용감한 모습을 하고 있어. 이처럼 나폴레옹은 전쟁터에서의 활약을 강조하고 자신을 영웅으로 부각하는 데 열을 올렸어.

쏙쏙 퀴즈  맞는 것 고르기

1 나폴레옹은 (영국/에스파냐)과(와)의 해전에서 크게 패배했다.

2 전쟁의 실패 이후 나폴레옹은 엘바섬으로 (유배/여행)를(을) 갔다.

역사 탐험 보고서

서양의 시민 혁명과 국민 국가 건설 운동

 혁명을 통해 입헌 군주정을 세운 영국

 영국에서는 스코틀랜드 출신 왕과 의회가 팽팽히 맞섰어. 급기야 청교도 혁명이 일어나 찰스 1세가 처형되었지. 크롬웰의 통치 후에는 왕정이 되살아났어. 하지만 명예혁명이 일어나 제임스 2세가 쫓겨나고 그의 딸 메리와 그녀의 남편 윌리엄이 공동 왕으로 추대되었지. 메리와 윌리엄이 권리 장전을 승인하면서 영국에 입헌 군주정이 세워졌어.

아메리카에 탄생한 최초의 민주 공화국

 영국인들은 아메리카로 건너가 제임스타운을 비롯한 13개 식민지를 건설했어. 영국이 재정난을 해결하기 위해 여러 세금을 부과하자, 식민지 사람들은 거세게 반발했어. 급기야 보스턴 차 사건이 일어나 영국과의 전쟁으로 이어졌지. 식민지 사람들은 독립 선언문을 발표한 후 이 전쟁에 승리했어. 그 후 최초의 민주 공화국인 아메리카 합중국(미국)이 탄생했지.

미국의 서부 개척과 남북 전쟁

 독립 이후 미국은 인디언들을 외진 곳으로 쫓아 버리고 서부 개척을 이어 갔어. 많은 사람들이 금을 찾아 캘리포니아로 몰려갔지. 미국의 영토는 빠르게 늘어났지만, 북부와 남부의 갈등이 심각했어. 노예 제도를 둘러싼 갈등은 급기야 남북 전쟁으로 이어졌지. 노예 해방을 선언한 링컨의 활약으로 이 전쟁은 북부의 승리로 끝났어.

프랑스 혁명과 나폴레옹

 프랑스 혁명 때 국민 의회는 〈인간과 시민의 권리 선언〉을 발표했어. 뒤이어 입법 의회가 구성되었지만, 프랑스는 혁명 정부를 간섭하는 나라들과 전쟁을 치르게 되었어. 국민 공회가 구성된 후 루이 16세가 처형되었지만, 로베스피에르도 공포 정치를 펼쳐 반대파에 의해 처형되었어. 이어 권력을 잡은 나폴레옹의 정복 전쟁으로 프랑스 혁명의 정신이 유럽으로 확산되었지.

궁전 정원을 탈출하자!

궁전 정원에서 파티가 열렸는데 한눈팔다가 길을 잃어버렸어. 아래 문제의 정답만 골라서 이동하면 무사히 정원 밖으로 나올 수 있어. 정원 곳곳에 사냥개가 있으니 꼭 정답을 맞히도록 해.

1 왕을 처형하지 않고 이뤄 낸 영국의 혁명은?

2 미국의 첫 번째 대통령은?

3 노예제 폐지를 반대했던 미국의 지역은?

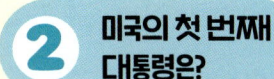

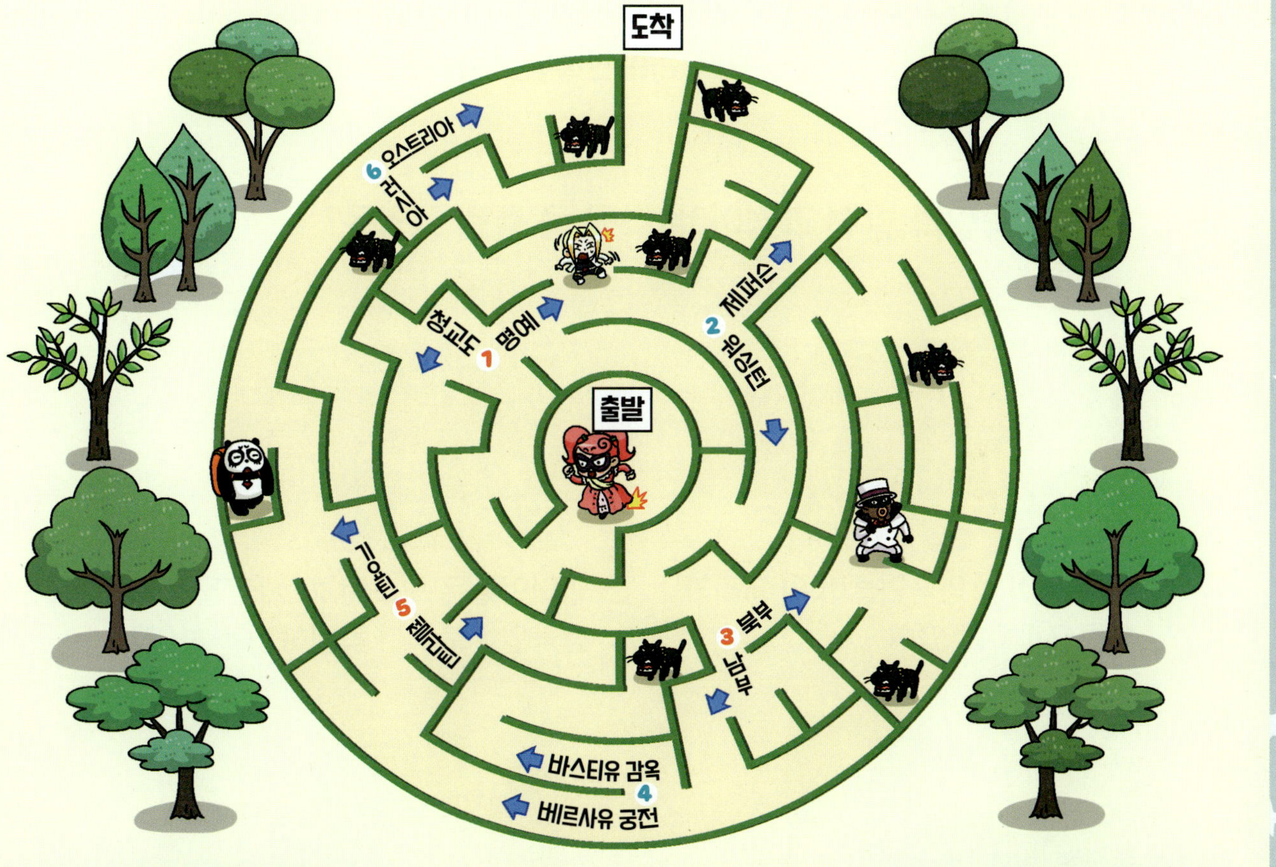

도착

보기:
- 1 청교도 / 명예
- 2 제퍼슨 / 워싱턴
- 3 북부 / 남부
- 4 바스티유 감옥 / 베르사유 궁전
- 5 기요틴 / 레바논
- 6 오스트리아 / 러시아

출발

4 루이 14세가 건축한 프랑스의 초호화 궁전은?

5 루이 16세, 로베스피에르 등을 처형했던 도구는?

6 나폴레옹의 침략을 끝까지 막아 낸 나라는?

덕분에 즐거운 여행 했다.
자, 약속한 간식이다!

정답 177쪽

도！전 세계사 퀴즈왕

좀 더 어려운 과제에 도전해 볼까?

01 영국에서 벌어진 청교도 혁명에 대한 설명으로 옳지 <u>않은</u> 것은? `105~107쪽`

① 국왕인 찰스 1세가 마음대로 권력을 휘둘렀다.
② 찰스 1세는 의회의 '권리 청원'에 서명을 거부했다.
③ 왕당파와 의회파의 내전이 벌어졌다.
④ 올리버 크롬웰의 활약으로 의회파가 승리하였다.

02 미국의 독립과 발전 과정이야. 다음 중 <u>틀린</u> 설명은? `108~113쪽`

① 17세기 이후 영국인들이 아메리카 대륙으로 이주했어.

② 인디언들은 보스턴 차 사건을 일으켜 영국인들로부터 독립하려고 하였지.

③ 동부에 정착한 미국인들은 서부를 개척하기 시작했어.

④ 노예 제도의 유지를 둘러싸고 남북 전쟁이 벌어지기도 했지.

03 프랑스 혁명의 전개 순서에 맞게 빈칸에 번호를 적어 보자.

114~116쪽

바스티유 감옥 습격
→ 〈인간과 시민의 권리 선언〉 발표

삼부회 소집
→ 국민 의회 구성

로베스피에르의 공포 정치

국민 공회 구성
→ 루이 16세 처형

04 아래 그림 속의 인물에 대한 설명으로 옳지 <u>않은</u> 것은?

117쪽

① 쿠데타를 일으켜 권력을 잡고, 국민 투표를 통해 황제가 되었다.
② 오스트리아, 프로이센 등의 나라와 전쟁을 벌여 승리하였다.
③ "내 사전에 불가능이란 말은 없다."라는 말을 남겼다고 한다.
④ 유럽 연합군에 패한 후 엘바섬에 유배되어 그곳에서 생을 마감했다.

4 서구의 민족주의 운동과 산업 혁명

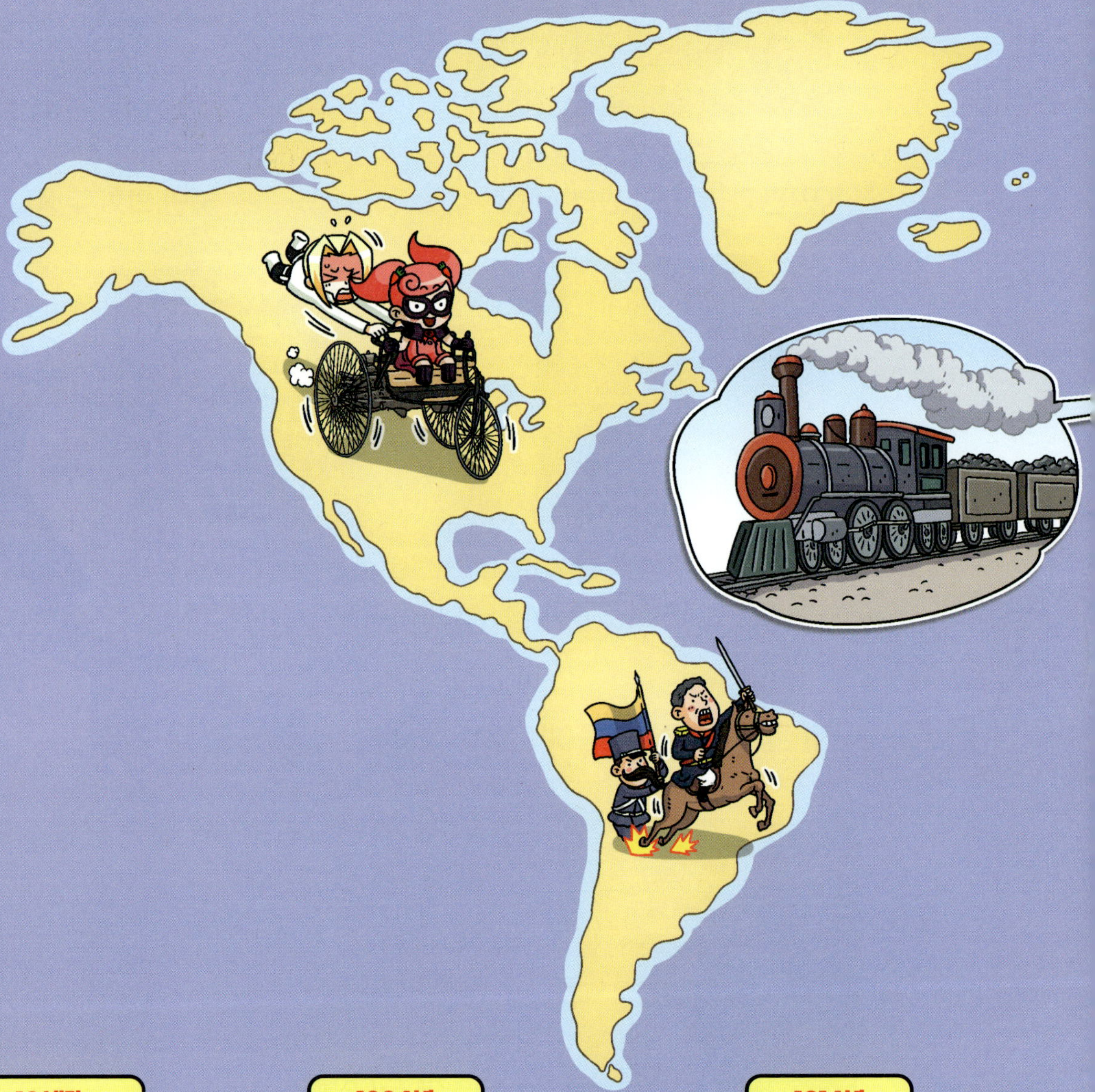

세계사 ON

18세기
증기 기관이 발명되다

1804년
아이티가 독립하다

1814년
빈 회의가 열리다

한국사 ON

1796년
수원 화성이 완공되다

1811년
홍경래의 난이 일어나다

나폴레옹이 몰락한 이후 유럽을 프랑스 혁명 전 상태로 되돌리기 위해 빈 회의가 열렸어. 하지만 혁명은 또다시 일어났고 프랑스엔 결국 공화정이 들어섰지. 혁명의 바람은 곳곳으로 퍼져 나갔어. 이탈리아가 통일 왕국을 이루었고, 독일도 프로이센을 중심으로 통일되었어. 라틴 아메리카 여기저기에도 독립된 국가가 들어섰지. 한편 18세기 후반 영국에서는 산업 혁명이 일어나며 각종 산업이 크게 발달했지만, 노동 문제가 드러나면서 사회주의 사상이 떠오르게 돼.

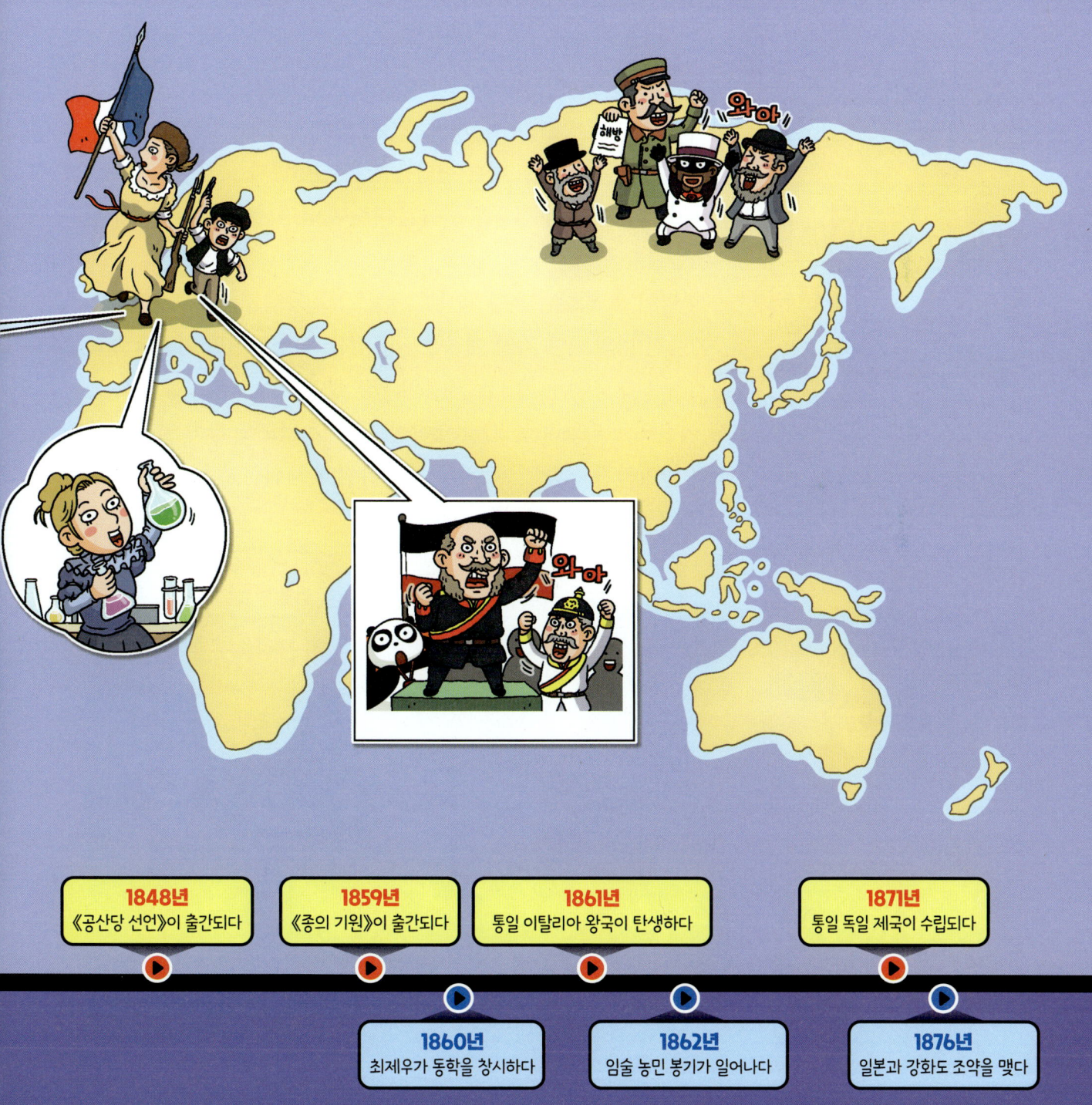

1848년
《공산당 선언》이 출간되다

1859년
《종의 기원》이 출간되다

1861년
통일 이탈리아 왕국이 탄생하다

1871년
통일 독일 제국이 수립되다

1860년
최제우가 동학을 창시하다

1862년
임술 농민 봉기가 일어나다

1876년
일본과 강화도 조약을 맺다

118 자유주의와 민족주의가 퍼져 나가다

19세기 초반 유럽

#메테르니히 #빈 체제
#프랑스 혁명 정신 확산
#자유주의 #민족주의
#한번맛본자유는잊을수없어

나폴레옹이 쫓겨나자 유럽의 왕과 귀족들은 환호성을 질렀어. 유럽 각국의 대표들은 오스트리아의 수도 빈에 모였지. 오스트리아 외무 장관 **메테르니히**가 이 회의를 이끌었어. 주로 논의된 문제는 국경선을 다시 정하고 또 다른 혁명을 막는 일이었지.

"나폴레옹이 정복 전쟁을 벌이는 바람에 국경선이 죄다 엉망이 되었습니다."

"혁명이 또 일어나면 안 돼요!"

기나긴 회의 끝에 각국 대표들은 유럽을 프랑스 혁명 이전으로 되돌리기로 결정했어. 즉 나폴레옹이 확장했던 프랑스 영토를 정복 전쟁 이전으로 되돌려 놓고, 혁명이 일어날 수 없도록 강력한 왕정 체제로 돌아가기로 한 거야. 회의 이후 유럽에 세워진 질서를 **빈 체제**라고 해.

빈 체제에 따라 유럽 여러 나라의 왕들이 다시 권력을 잡았지만, 이미 유럽에는 자유가 무엇인지 아는 사람들이 너무나 많았어. 나폴레옹이 정복 전쟁을 벌이는 동안 **프랑스 혁명 정신**이 널리 퍼져 나갔기 때문이야. 이제 유럽 사람들은 개인의 자유를 무엇보다 소중히 여기게 되었어. 그래서 빈 체제에 대항하는 저항이 계속되었지.

독일에서는 대학생들이 보수적인 책과 군복을 불사르며 자유를 외쳤어. 그리고 자유를 억압하는 외국의 지배와 간섭에 맞서면서 ★민족의식이 강해졌어. 이탈리아에서는 '숯 굽는 사람들'로 위장한 카르보나리당이 자유와 독립을 목표로 비밀리에 활동했지. 이렇게 자유를 ★지향하는 **자유주의** 운동과 민족의 독립과 통일을 추구하는 **민족주의** 운동은 유럽 곳곳에서 활발하게 일어났어. 그러나 메테르니히는 각국 정부와 힘을 합쳐 이러한 운동을 철저히 탄압했지.

그러던 중 그리스에서도 민족주의의 영향으로 오스만 제국의 지배에서 벗어나기 위한 독립 전쟁이 일어났어. 유럽의 지식인들은 너도나도 이 독립 전쟁에 참전했지. 그리스를 유럽 문명의 뿌리라 여겼기 때문이야.

"그리스를 언제까지 이슬람의 손아귀에 둘 텐가? 고대 그리스의 영광을 되살리자!"

영국, 러시아, 프랑스도 연합 함대를 보내 오스만 제국을 격파했어. 덕분에 그리스는 독립을 이루었지. 민족주의 운동이 일궈 낸 첫 성과였어.

★**민족의식** 자기 민족의 존엄, 권리를 지키고 단결과 발전을 위한 의지나 감정.

★**지향하다** 어떤 목표로 뜻이 쏠리어 향하다.

춤추느라 바빴던 빈 회의

빈 회의에는 여러 나라의 대표가 참가했지만 한자리에 모두 모인 적은 한 번도 없었어. 게다가 메테르니히는 회의가 잘 안 풀릴 때마다 무도회를 열었지. 그래서 빈 회의는 되는 일 없이 춤만 춘다는 비판을 받았어.

춤을 추는 각국 대표들

 **맞으면 O, 틀리면 X**

1 유럽 나라들은 프랑스 혁명을 지지하기 위해 빈에 모였다.

2 나폴레옹의 정복 전쟁 때 프랑스의 혁명 정신이 유럽으로 퍼졌다.

▶ **자유주의 개혁 속에 세워진 새로운 대학** ▼

프랑스 혁명 후 자유주의의 바람이 불자, 프로이센은 재빨리 개혁에 나섰어. 어떻게든 변화하지 않으면 혁명이 일어날 것이라는 위기감 때문이었지. 그러한 가운데 언어학자 훔볼트가 베를린 훔볼트 대학교를 세웠어. 이 대학은 신학 교육이 최우선이던 중세 대학과 달리, 지식 연구와 교육을 목적으로 삼았어. 이후 전 세계의 대학들이 모델로 삼았기 때문에 이 대학은 '근대 대학의 어머니'로 불리고 있어.

베를린에 있는 훔볼트 대학교

119 프랑스에서 7월 혁명과 2월 혁명이 일어나다

#루이 18세 #샤를 10세
#7월 혁명 #루이 필리프
#2월 혁명 #제2 공화정
#돈이없어도똑같은시민!

빈 체제와 함께 프랑스에도 왕정이 돌아왔어. 단두대에서 생을 마감한 루이 16세의 동생, 루이 18세가 왕위에 올랐지. 하지만 루이 18세는 나라를 마음대로 휘어잡을 수 없었어. 국민들이 화나면 얼마나 무서운지 지켜봤으니까 말이야. 그래서 영국의 입헌 군주제를 본받아 나라를 통치했어.

하지만 그다음에 왕이 된 샤를 10세는 의회를 해산하고 언론을 탄압했어. 이에 가만히 있을 파리 시민들이 아니지. 1830년 파리 시민들은 들고일어나 샤를 10세를 쫓아내고, 왕족 **루이 필리프**를 새 왕으로 내세웠어. 이 사건이 **7월 혁명**이야.

루이 필리프는 왕족 출신이었지만 아버지를 따라 프랑스 혁명에 참여했던 사람이야. 그래서 국민들에게 인기가 많았지. 그는 루이 18

세, 샤를 10세와는 확실히 달랐어. 왕실의 깃발 대신 삼색기를 사용하고, 언론의 자유를 인정했지. 또 부유한 시민인 부르주아에게 투표권도 주었어.

하지만 프랑스 국민들은 그 정도의 개혁에 만족하지 않았어. 국민 대부분은 재산이 적어 투표권이 없었기 때문이야. 더구나 이 무렵 늘어난 공장 노동자들의 불만도 이만저만이 아니었지. 하지만 루이 필리프 정부는 가난한 노동자들의 사정을 이해하지 못했어.

"부자가 되어 투표권을 얻으면 되지 않는가?"

정부가 이런 태도로 국민들의 요구를 물리치자, 국민들은 분통이 터졌지. 프랑스 곳곳에서 *집회가 열려 정부를 비판했어.

"부자들만 사람이냐? 우리도 투표하게 해 달라!"

하지만 정부는 오히려 집회를 금지했어. 그러자 그간 쌓였던 사람들의 불만이 삽시간에 폭발해 1848년 **2월 혁명**이 일어났어. 루이 필리프는 왕의 자리에서 쫓겨났고, 프랑스 혁명 때 세워졌던 공화정의 뒤를 이어 **제2 공화정**이 세워졌지.

"왕은 필요 없다. 국민이 나라의 주인이다!"

비로소 프랑스의 남자 어른들은 모두 투표권을 가지게 되었어. 프랑스의 7월, 2월 혁명이 일어나던 비슷한 시기에 유럽 다른 곳에도 혁명의 물결이 밀려들었지. 오스트리아의 메테르니히는 쫓겨났고, 빈 체제를 지키려던 노력은 물거품이 되었어.

★ **집회** 여러 사람이 어떤 목적을 위하여 일시적으로 모임.

〈민중을 이끄는 자유의 여신〉

7월 혁명을 배경으로 프랑스 화가 들라크루아가 그린 작품이야. 자유의 여신이 삼색기와 총을 들고 시위대를 이끌고 있지. 정장을 입은 사람, 셔츠를 풀어헤친 사람, 아직 어린 소년을 통해 다양한 사람들이 혁명에 참여했음을 알 수 있어. 시체 더미는 혁명으로 희생된 사람들을 보여 주지.

▶ **나폴레옹의 뒤를 이어 황제가 된 조카**

2월 혁명 후 대통령 선거가 치러졌는데, 이때 당선된 사람은 나폴레옹의 조카 루이 나폴레옹이었어. 루이 나폴레옹은 프랑스에서 나폴레옹을 그리워하는 분위기가 생기자 그 인기에 힘입어 당선되었지. 대통령 임기가 끝난 후 루이 나폴레옹은 삼촌이 그랬듯이 쿠데타를 일으켰고, 나중에는 황제(나폴레옹 3세)까지 되었어. 어처구니없게도 황제의 시대가 다시 찾아온 거야.

나폴레옹 3세(1808~1873)의 초상화

 맞으면 O, 틀리면 X

1 프랑스에서는 7월 혁명 이후 제2 공화정이 세워졌다. ☐

2 2월 혁명 이후 프랑스 성인은 모두 투표권을 갖게 되었다. ☐

혁명 이후 혼란을 소설에 담아낸 빅토르 위고

빅토르 위고
(1802~1885)

빅토르 위고는 프랑스 혁명이 일어난 지 10여 년 후에 태어났어. 위고가 작가로 활동하던 시절에는 현실을 속속들이 들추어내는 사실주의 작가들의 활동이 두드러졌지만, 위고는 그들과 달리 낭만주의라는 길을 선택했어. 사실을 객관적으로 표현하기보다 상상력을 맘껏 펼치고 정열을 쏟아부어 가슴 뭉클한 이야기들을 만들고 싶었던 거야.

위고는 가난한 사람들, 비참한 삶 속에서 허우적대는 사람들을 주인공으로 삼았어. 그들을 동정하지 않고, 사회가 바뀐다면 얼마든지 좋은 방향으로 변화할 수 있는 존재로 보았지.

이러한 생각은 소설 《사형수 최후의 날》에 잘 드러나 있어. 위고는 기요틴 아래 고인 피를 보고 이 소설을 떠올렸대.

몇 시간 후면 죽을 사형수 주인공은 홀로 남겨질 딸을 생각하며 목메어 울지. 위고는 죽음에 대한 두려움과 함께 삶을 향한 강렬한 욕구를 그려 내며 사형 제도를 비판했어.

《사형수 최후의 날》 초판본에 삽입된 삽화

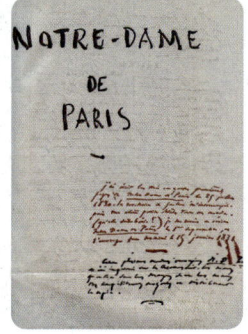

《파리의 노트르담》
첫 페이지

화재 이전 노트르담 대성당의 모습

위고가 《파리의 노트르담》을 통해 이 성당의 진정한 가치를 강조한 후 1840년대부터 복원되었어. 고딕 양식으로 지어진 이 성당에는 성서를 주제로 한 수많은 조각, 스테인드글라스로 만든 장미의 창 등이 있었지. 지금은 2019년 화재 이후 복원 공사가 진행되고 있어.

소설가로서 명성을 떨치게 한 작품은 15세기 말 파리를 배경으로 한 《파리의 노트르담》이야. 이 작품은 노트르담 대성당의 탑 속에 그리스어로 새겨진 *'숙명'이라는 글자에서 시작되지. 이 작품의 주인공은 한두 사람으로 특정할 수 없어. 경건한 성당 뒤에 가려진 더럽고 어두운 풍경, 도덕적이지 못한 뭇 사람들의 모습, 꿈틀대는 욕망이 펼쳐지기 때문이야.

이 소설에서 돋보이는 부분은 주인공 중 한 명인 콰지모도의 사랑이야. 성당의 종을 치는 콰지모도는 등이 굽고 애꾸눈에다, 절뚝거리며 걸어. 그는 남몰래 *집시 아가씨 에스메랄다를 사랑하고 있지. 하지만 에스메랄다는 복잡한 상황에 뒤얽히는 바람에 억울하게 처형돼. 나중에 에스메랄다의 시체를 꼭 끌어안은 시체가 발견되었는데, 그 시체는 콰지모도였어. 콰지모도는 숙명처럼 죽는 순간까지도 에스메랄다 곁에 있었던 거야.

위고는 정치에도 적극적으로 참여했어. 처음에는 왕정의 개혁이 가능하다고 생각했지만, 2월 혁명 이후엔 민주주의를 위해 싸우기 시작했지. 하지만 나폴레옹 3세가 권력을 잡자, 위고는 그를 거침없이 비판했어. 결국 위고는 나폴레옹 3세에 의해 추방당하고 말아.

외국에 나가 있는 동안 위고는 그의 대표작인 《레 미제라블》을 완성했어. 레 미제라블은 '비참한 사람들'이란 뜻이지. 은촛대를 훔쳤던 장 발장이 주인공으로 유명하지만, 이 작품 역시 주인공이 여러 명이야. 장 발장의 양녀 코제트, 사회 밑바닥으로 추락한 코제트의 엄마, 코제트에게 온갖 힘든 일을 시키면서 양육비만 챙겼던 여관의 부부, 코제트를 사랑하는 청년 마리우스, 장 발장을 쫓아다니는 형사 자베르 등이 7월 혁명 이후 파리의 혼란, 비참한 삶을 적나라하게 보여 줘.

《레 미제라블》의 등장인물 코제트

이 작품을 통해 위고는 혁명은 언제든 다시 일어날 것이며, 역사를 만들어 가는 사람들은 바로 평범한 사람들임을 힘주어 말하고 있어.

★ 숙명 피할 수 없는 운명.
★ 집시 떠돌아다니는 사람.

위고는 나폴레옹 3세가 물러나고 나서야 프랑스로 돌아올 수 있었어. 그 후 작가로서, 정치가로서 국민들에게 뜨거운 사랑을 받았지.

빅토르 위고의 장례식에 몰려든 군중들

 1861년 유럽

120 이탈리아가 하나의 왕국으로 통일되다

#마치니 #청년 이탈리아당
#샤르데냐 왕국 #카보우르
#가리발디 #이탈리아 왕국
#로마제국의영광을다시한번?

이탈리아반도는 고대 로마 제국이 무너진 이후 늘 크고 작은 도시 국가들로 나뉘어 있었지. 하지만 프랑스 혁명의 영향으로 이탈리아 사람들도 민족의식이 강해졌어.

"나폴레옹의 군대가 우리 미술품을 빼앗아 갔다며? 나쁜 놈들!"

이탈리아 사람들 사이에서는 하나로 뭉쳐야 강력한 나라를 만들 수 있다는 생각이 점점 커졌어. 통일을 이루려면 일단 이탈리아를 간섭하는 오스트리아를 몰아내야 했지. 이탈리아 북부의 베네치아, 밀라노 등 커다란 도시 국가들이 오스트리아의 지배를 받고 있었거든.

이탈리아 사람들은 '카르보나리당'을 만들어 통일을 위한 혁명을 비밀리에 준비했어. 하지만 빈 체제를 지키려는 오스트리아의 방해로 뜻을 이루지 못했지. 그러나 그 의지를 이어받아 프랑스에 ★망명

가 있던 **마치니**가 새롭게 **청년 이탈리아당**을 만들었어.

"통일된 이탈리아를 건설합시다!"

마치니의 지시에 따라 이탈리아 곳곳에서 봉기가 일어났어. 하지만 봉기를 일으키는 족족 실패하면서 수많은 젊은이들이 감옥에 갇히거나 목숨을 잃었지. 프랑스에서 2월 혁명이 일어난 1848년, 전국에서 이탈리아 사람들이 들고일어났지만, 이 또한 실패로 돌아가고 말았어.

그 후 이탈리아 북부에 있던 **사르데냐 왕국**이 이탈리아 통일의 중심으로 떠올랐어. 사르데냐 왕국은 입헌 군주제에 따라 정치가 이루어지고 있었기 때문에 이탈리아의 작은 나라들은 사르데냐에 합쳐지기를 바랐지. 게다가 사르데냐의 재상 **카보우르**는 외교 전략에 능수능란한 사람이었어. 카보우르는 프랑스의 나폴레옹 3세와 손잡고 오스트리아 군대를 이탈리아에서 몰아냈지. 그러고는 북부 이탈리아를 하나로 합쳤어.

이 무렵 이탈리아 남부에서는 **가리발디**가 붉은 셔츠를 입은 의용군을 이끌고 전쟁을 벌이고 있었어. 당시 이탈리아 남부는 프랑스 출신 왕이 다스리고 있었는데, 가리발디는 이탈리아 시민들의 압도적인 지지를 받으며 이탈리아 남부를 순식간에 장악했지. 그런데 전쟁이 끝나자, 가리발디는 점령한 땅을 모두 사르데냐 왕국에 바쳤어.

"이제 이탈리아를 하나로 합쳐 주세요."

그만큼 통일에 대한 열망이 강했던 거야. 이로써 1861년, 드디어 통일된 **이탈리아 왕국**이 세워졌지.

낱말 체크

★ **망명** 정치적인 박해를 피해 다른 나라로 감.

《이태리 건국 삼걸전》

우리나라의 독립운동가이자 역사학자 신채호가 1907년에 중국 책을 번역한 책이야. 이탈리아 건국의 세 영웅, 마치니, 카보우르, 가리발디의 활약이 담겨 있지. 신채호는 이 책을 통해 애국심과 독립 의지를 일깨우려 했어.

가리발디 / 카보우르 / 마치니

쏙쏙 퀴즈 맞는 것 고르기

1 청년 이탈리아당은 (카르보나리 / 까르보나라)당의 의지를 이어 받아 만들어졌다.

2 (마치니 / 가리발디)는 남부 이탈리아를 점령한 후 땅을 사르데냐 왕국에 바쳤다.

▶ **이탈리아 사람들의 마음을 사로잡은 오페라 〈나부코〉**

민족주의의 열기가 한창 뜨겁던 1842년, 이탈리아의 작곡가 베르디는 오페라 〈나부코〉를 지었어. 이 작품에는 조국을 잃고 바빌론으로 끌려간 유대인들의 이야기가 담겨 있지. 주변 국가들의 간섭에 시달리던 이탈리아 사람들은 자신들이 유대인과 똑같다고 느끼며 흥분했어. 베네치아 공연 때는 〈나부코〉의 절정 부분에서 관객들이 일제히 일어나 깃발을 흔들었다고 해.

오페라 〈나부코〉의 공연 장면

1871년 유럽

121 프로이센을 중심으로 독일이 통일되다

#3월 혁명 #비스마르크
#철혈 재상 #북독일 연방
#빌헬름 1세 #독일 제국
#철과피는모두온기가필요!

독일은 역사상 단 한 번도 같은 나라였던 적이 없었어. 항상 프로이센, 바이에른 등 여러 나라로 나뉘어 있었지. 그러나 민족주의의 열풍이 불면서 독일 통일 운동도 점점 거세졌어.

독일 통일을 주도한 건 프로이센이야. 프로이센은 일단 경제적 통합부터 밀어붙였어. 동맹을 맺은 나라들끼리는 관세를 물지 않기로 한 거야. 그 후 프랑스에서 벌어진 2월 혁명의 영향으로 독일 지역에서도 **3월 혁명**이 일어났지. 그 결과 **프랑크푸르트 의회**가 열렸고, 의회는 프로이센 왕을 황제로 선출해 입헌 군주국을 세우기로 결정했어.

"입헌 군주국의 황제가 되어 달라고? 누구 맘대로?"

그러나 프로이센 왕은 이 결정을 거부했어. 그는 시민들이 모여서

148

황제를 뽑는다는 생각이 탐탁지 않았던 거야. 결국 의회를 중심으로 독일을 통일하려던 시도는 실패하고 말았지. 하지만 이후 **비스마르크**가 프로이센의 수상이 되면서 독일 통일에 속도가 붙었어. 그는 무슨 수를 써서라도 프로이센을 중심으로 독일 통일을 이루려 했지.

"오직 철과 피로만 여러 문제가 해결될 것입니다. 우린 힘을 길러야 합니다."

철은 무기, 피는 군인들의 희생을 뜻해. 한마디로 군대를 강화하자는 이야기였지. 이 연설로 비스마르크는 철혈 재상이라 불렸어. 연설 이후 그는 많은 돈을 들여 군대를 강화하고 막강해진 군대로 오스트리아와 전쟁을 치렀어. 오스트리아를 꺾은 프로이센은 **북독일 연방**을 만들어 독일 통일에 박차를 가했지.

프로이센의 다음 목표는 나폴레옹 때 독일을 짓밟은 프랑스였어. 게다가 프랑스는 독일 통일을 방해하고는 했는데, 바로 옆에 큰 나라가 생기면 프랑스에 위협이 되기 때문이야.

비스마르크는 민족주의를 이용해 프랑스를 ★도발했어. 프랑스 대사가 프로이센 왕을 찾아왔다가 모욕당했다는 헛소문을 퍼뜨린 거야. 계획대로 발끈한 프랑스는 전쟁을 일으켰지만, 프로이센이 승리하고 마침내 독일을 통일했어. 1871년 프랑스 베르사유 궁전에서 프로이센의 **빌헬름 1세**가 황제로 즉위하며 **독일 제국 수립**을 선포했지.

낱말 체크

★ 도발 남을 집적거려 일이 일어나게 함.

그림 형제

유명한 《헨젤과 그레텔》, 《빨간 모자》 같은 동화는 그림 형제가 독일 곳곳을 돌아다니며 모은 옛이야기 중 일부였어. 이 무렵 민족주의가 퍼지면서 그림 형제가 독일의 옛이야기를 찾아 나섰던 거야. 이들이 펴낸 동화집은 독일 민족의 정체성 확립에 크게 기여했어.

▶ 알퐁스 도데의 《마지막 수업》

1871년 프로이센과의 전쟁에 패배한 프랑스는 알자스-로렌 지방을 빼앗기고 말았어. 프랑스 작가 알퐁스 도데는 이 사건을 배경으로 《마지막 수업》이라는 단편 소설을 지었어. 이 소설에는 독일의 지배를 받게 된 알자스-로렌 지방의 사람들이 프랑스어로 하는 마지막 수업을 받는 슬픈 이야기가 담겨 있어.

프랑스어를 쓸 수 있는 건 오늘까지란다.

쏙쏙 퀴즈 맞는 것 고르기

1 비스마르크는 연설을 통해 (철혈/냉혈) 재상이라는 별명을 얻었다.

2 여러 나라로 나뉘어 있던 독일은 1871년 (프라이팬/프로이센)을 중심으로 통일되었다.

 19세기 유럽

122 러시아가 개혁에 실패하다

#차르 #니콜라이 1세
#크림 전쟁 #알렉산드르 2세
#농노 해방 #브나로드 운동
#늦었지만다른나라쫓아가야지~

러시아는 영토가 넓은 데다, 나폴레옹의 군대도 물리칠 만큼 군사력이 막강했어. 하지만 사회 발전은 다른 유럽 국가들보다 한참 뒤처져 있었지. 여전히 '**차르**'라 불리는 황제가 러시아를 다스렸고, 농노들은 영주의 지배를 받고 있었어.

자유주의와 민족주의의 영향으로 유럽이 들썩들썩한 가운데, 러시아 사람들도 들고일어나 개혁을 외쳤어.

"농노 제도를 폐지하라! 입헌 군주 제도를 도입하라!"

하지만 당시 차르였던 **니콜라이 1세**는 이 봉기를 가차 없이 진압했어. 그는 러시아 개혁에 나서기는커녕 오히려 영토 확장에 나섰지. 러시아는 남쪽의 오스만 제국이 지배하고 있던 *크림반도가 탐이 났어. 겨울에도 얼지 않는 *부동항이 필요했거든. 마침 오스만 제국은

쇠퇴하고 있었고, 그렇게 **크림 전쟁**이 시작됐어. 하지만 세력을 확장하는 러시아가 마음에 안 든 영국, 프랑스 등이 오스만 제국을 도와 함께 싸웠고, 결국 러시아는 패배하고 말았지.

니콜라이 1세에 이어 즉위한 **알렉산드르 2세**는 러시아가 다른 유럽 국가들보다 뒤처진 것이 너무 속상했어. 러시아 사람들의 커지는 불만도 얼른 잠재워야 했지.

"이제부터 농노는 자유로운 농민으로서 모든 권리를 누릴 것이다."

고민 끝에 알렉산드르 2세는 **농노 해방령**을 발표했어. 드디어 러시아 농민들은 자유로운 신분이 되었고 자기 땅도 가질 수 있게 된 거야. 하지만 농민들은 나라에 돈을 빌려 땅을 샀는데, 이 돈을 갚는 데 수십 년이 걸렸고 살림살이도 전혀 나아지지 않았어.

알렉산드르 2세는 지방 의회를 만들고 군사 제도를 손보는 등 다른 개혁도 실시했지만, 혁명이 일어날까 두려워 언론과 학교를 철저하게 감시했지. 권력을 혼자 틀어쥔 차르의 개혁에는 분명 한계가 있었어. 알렉산드르 2세의 개혁이 하나둘 실패하는 동안, 러시아의 지식인들은 농민들 속으로 들어가 혁명을 준비하며 ★**브나로드 운동**을 일으켰어.

"차르가 있는 한 러시아는 발전할 수 없다!"

결국 하루빨리 혁명을 일으키려는 사람들은 알렉산드르 2세를 암살하고 말았어. 그 후 러시아의 차르들은 바짝 긴장하고 자유주의 세력을 탄압했지.

낱말 체크

★ **크림반도** 우크라이나 남부에 있는 반도로 러시아와 영토 분쟁 중. 우크라이나어로 '크름반도'라고도 부름.

★ **부동항** 일 년 내내 바닷물의 표면이 얼지 않는 항구.

★ **브나로드** '민중 속으로'라는 뜻의 러시아어.

러시아의 황제, 차르

차르는 고대 로마에서 황제를 뜻하는 말이었던 카이사르에서 비롯된 말이야. 비잔티움 제국이 멸망하자, 같은 그리스 정교를 믿는 러시아가 로마를 계승하겠다고 나섰어. 이때 러시아의 군주 이반 4세가 스스로를 차르라 불렀지. 그 후 러시아 황제들은 차르라 불리며 나라를 독단적으로 이끌었어.

▶ 크림 전쟁 때 활약한 간호사 나이팅게일

크림 전쟁 때는 성능 좋은 무기들이 총동원되어 수많은 병사들이 죽거나 다쳤어. 그러한 상황 속에서 간호사들이 맹활약을 펼쳤지. 이때 천사처럼 병사들을 돌본 영국의 나이팅게일이 유명해. 헌신적인 태도로 수많은 병사를 살린 나이팅게일은 간호학을 체계적으로 정리한 책을 저술하고 간호 학교를 세우기도 했지. 오늘날 간호사들은 그녀의 정신을 이어받기 위해 나이팅게일 선서를 해.

쏙쏙 퀴즈 — 맞으면 O, 틀리면 X

1. 니콜라이 1세 때 러시아의 농노가 해방되었다. ☐

2. 러시아 황제들은 사회 개혁을 위해 브나로드 운동을 실시했다. ☐

● 19세기

123 라틴 아메리카의 여러 나라가 독립하다

#아이티 독립 #크리오요
#볼리바르 #산마르틴
#라틴 아메리카 독립
#라틴의열정!독립의기쁨!

프랑스 혁명의 영향으로 저 멀리 라틴 아메리카에서도 독립운동이 일어났어. 라틴 아메리카에서 가장 먼저 독립한 나라는 **아이티**야. 카리브해에 자리한 이 나라는 프랑스의 식민지였지. 사탕수수, 커피 등이 많이 생산되는 곳으로, 인구의 거의 90퍼센트가 흑인 노예였어.

"우리에게 자유를 달라! 더는 노예로 살지 않겠다!"

흑인들은 프랑스 군대와 싸운 끝에 1804년, 세계 최초의 흑인 공화국 아이티를 세웠어.

한편 라틴 아메리카에서 태어난 백인들은 아이티 흑인들의 움직임을 불안하게 주시했어. 라틴 아메리카 ★태생 백인들을 '**크리오요**'라고 하는데, 이들은 백인의 특권을 누리면서 원주민, 흑인, 혼혈인을 지배하고 있었지.

"아이티에서처럼 급진적인 혁명이 일어나서는 안 된다."

이들은 백인의 지배 체제가 흔들릴까 봐 신경을 곤두세웠어. 하지만 크리오요들도 에스파냐의 지배에 대해서는 큰 불만을 품고 있었지. 같은 백인일지라도 에스파냐에서 파견된 사람들이 더 높은 자리를 차지하고, 크리오요들에게는 그 아래 자리밖에 주지 않았기 때문이야.

"에스파냐는 물러가라! 독립을 ★쟁취하여 우리가 이곳을 다스릴 것이다."

이때 유럽에서 계몽사상을 배우고 돌아온 **볼리바르**가 라틴 아메리카 독립운동의 선봉에 섰어. 그는 에스파냐 총독을 쫓아내고 베네수엘라의 독립을 선언했지. 라틴 아메리카 사람들은 통쾌한 승리에 기뻐하며 그를 '**해방자**'라고 불렀어.

볼리바르는 라틴 아메리카에서 에스파냐를 몰아내기 위해 약 20년 동안이나 싸웠어. 그 결과 콜롬비아, 볼리비아, 파나마, 에콰도르 등이 자유를 얻었지. 이 중 볼리비아는 해방자 볼리바르에서 따온 이름이야. 아르헨티나를 비롯한 여러 나라는 **산마르틴**의 활약으로 독립을 이루었어. 볼리바르와 산마르틴은 지금도 라틴 아메리카 해방의 영웅으로 존경받고 있어.

그 밖에 다른 방식으로 독립운동이 전개된 나라들도 있어. 멕시코에선 종교는 물론 교육까지 도맡았던 가톨릭 신부들이 정의감에 불타 독립운동을 이끌었어. **이달고 신부**가 대표적이야. 브라질은 포르투갈의 왕자가 독립을 선언하면서 포르투갈의 지배에서 벗어났지.

낱말 체크

★ **태생** 어떠한 곳에 태어남.

★ **쟁취** 힘들게 싸워서 바라던 바를 얻음.

아스테카 제국의 상징이 담긴 멕시코 국기

멕시코 국기에는 아스테카 제국의 전설에 나오는 독수리가 그려져 있어. 전설에 따르면 아스테카 제국이 처음 세워질 때 신이 나라를 건설할 곳을 알려 줬는데, 그 땅에 거대한 독수리가 뱀을 문 채로 선인장에 앉아 있었대.

아메리카의 구분

아메리카는 지리를 기준으로 북아메리카, 중앙아메리카, 남아메리카로 구분돼. 문화를 기준으로 하면 앵글로아메리카와 라틴 아메리카로 구분되지. 캐나다와 미국이 있는 지역은 앵글로·색슨족이 많이 이주해 왔고 영어를 주로 사용해서 앵글로아메리카라는 이름이 붙었어. 그 아래, 멕시코부터 남아메리카까지는 에스파냐, 포르투갈 등 주로 라틴계 민족의 식민지였기 때문에 라틴 아메리카라 불리게 되었지.

쏙쏙 퀴즈 맞는 것 고르기

1 라틴 아메리카에서 가장 먼저 독립한 나라는 (아이티 / 멕시코)다.

2 볼리바르는 지배국 (에스파냐 / 프랑스)를 몰아내기 위해 오랫동안 싸웠다.

19세기 중반 | 유럽

124 영국에서 차티스트 운동이 일어나다

#피털루의 학살
#차티스트 운동
#보통 선거 #인민헌장
#투표권=인간의기본적권리

프랑스 혁명의 영향으로 유럽 곳곳이 들썩여도, 섬나라 영국은 끄떡없었어. 명예혁명을 치른 후 의회가 조금씩 개혁을 추진해 나갔기 때문이야. 하지만 영국의 선거법은 상당히 허술했어. 비밀 선거도 아닐뿐더러, 재산이 많은 사람들만이 투표할 수 있었지.

무엇보다도 농촌의 많은 사람들이 공장에서 일하기 위해 도시로 몰리면서 ★선거구 조정이 시급해졌어.

"도시의 인구가 많아졌으니 그만큼 의원 수를 늘려야 합니다. 인구가 너무 줄어든 곳은 선거구를 없애고요."

도시의 상공업자들은 도시의 의원 수는 늘리고 인구가 너무 줄어든 곳은 선거구를 없애야 한다고 주장했어. 이렇게 선거법 개혁에 시동이 걸리자 공장 노동자들도 투표권을 요구했지. 노동자들을 대표

154

해 의견을 말해 줄 의원들이 필요했기 때문이야. 그러지 않고는 열악한 노동 환경을 개선하고 살인적인 노동 시간을 줄일 방법이 없었어.

"우리도 사람이다! 투표권을 달라!"

1819년 맨체스터의 **성 피터 광장**에서 선거법 개정을 요구하는 대규모 시위가 열렸어. 하지만 경찰들이 무자비하게 시위를 진압하느라 수많은 사람들이 다치거나 목숨을 잃었지. 사람들은 이 사건을 워털루 전투에 빗대 **피털루의 학살**이라 불렀어. 워털루 전투에서 영국군이 나폴레옹의 프랑스 군대를 물리치듯 국민들을 죽였다며 정부를 비판한 거야. 광장 이름에 '워털루'를 합쳐서 비꼰 거지.

선거법 개정을 요구하는 목소리는 갈수록 커졌어. 결국 영국 의회는 1832년에 선거법을 고쳐 선거구를 조정하고, 재산이 어느 정도 있는 도시 상공업자들에게 투표권을 주었지.

투표권을 얻지 못한 노동자들은 **차티스트 운동**을 일으켰어. 남자 어른의 ★**보통 선거**, 비밀 투표, 의원의 재산 자격 철폐 등 여섯 가지 요구 사항을 담은 **〈인민헌장〉**을 만들고, 노동자들의 서명을 받아 의회에 제출했지.

차티스트 운동은 여러 해 동안 계속되었지만 결국 실패로 끝났어. 그러나 영국 정부는 노동자들이 무시 못 할 세력임을 실감했고, 선거법은 계속 개정되어 점차 선거권이 확대되었단다.

 **낱말 체크**

★ **선거구** 의원을 뽑는 구역.

★ **보통 선거** 선거하는 사람의 자격을 제한하지 않고, 법적으로 어른이 되면 누구나 한 표씩 투표하는 제도.

 〈인민헌장〉에 담긴 요구 사항

- 남자 어른의 보통 선거를 보장하라.
- 비밀 투표를 보장하라.
- 출마자의 재산 자격 제한을 없애라.
- 의원에게 활동비를 지급하라.
- 선거구를 고르게 설정하라.
- 의원 선거를 매년 실시하라.

 **쏙쏙 퀴즈 맞으면 O, 틀리면 X**

1 1819년 영국의 선거법 개정 시위는 평화롭게 진행되었다.

2 19세기 영국의 노동자들이 투표권을 얻기 위해 벌인 운동을 '차티스트 운동'이라고 한다.

▶ **여성 투표권을 주장한 남성들** ▼

19세기에도 여성의 권리에 주목한 남성들이 있었어. 이탈리아의 혁명가 마치니가 만든 헌법에는 21세 이상 남녀의 보통 선거권이 포함되어 있었지. 그 후 영국의 사상가 존 스튜어트 밀도 여성 차별을 비판하며 여성에게 투표권을 줄 것을 주장했어. 그러나 여성도 투표하는 보통 선거는 20세기에 들어와서야 실현되었어.

존 스튜어트 밀(1806~1873)

 18~19세기 　유럽

125 산업 혁명이 일어나다

#인클로저 운동
#나는 북 #방적기
#증기 기관 #산업 혁명
#누구보다더빨리!더많이!

영국에서는 18세기 후반부터 기계가 발명되어 제품이 한꺼번에 많이 생산되기 시작했어. 그러자 각종 산업이 발달하며 세상은 큰 변화를 맞이했지. 이처럼 산업에 일어난 대대적인 변화를 **산업 혁명**이라고 해. 왜 영국에서 먼저 산업 혁명이 시작됐을까?

영국은 안정된 정치를 바탕으로 경제가 빠르게 발전했어. 신항로 개척과 함께 식민지가 늘어나 상품과 재료를 거래할 수 있는 시장이 커졌고, 철, 석탄 등 지하자원도 풍부했지. **인클로저 운동**으로 많은 사람들이 도시로 몰려왔기 때문에 공장에서 일할 사람도 넘쳐났어.

18세기에는 인도에서 들여온 면직물이 영국에서 불티나게 팔렸지. 면직물은 포근하면서 세탁도 편하고 가벼웠기 때문이야.

"면직물을 생산하기만 하면 큰돈을 벌겠군."

영국 사업가들은 아메리카에서 면화를 들여와 면직물을 생산하기 시작했어. 면직물 사업이 갈수록 활기를 띠면서, 면직물을 만드는 사람들의 손도 엄청나게 바빠졌지. 사람들은 어떻게 하면 면직물을 더 빨리 만들까 고민했지. 그러던 어느 날, 존 케이가 '나는 북'이라는 기계를 발명했어. ★씨실을 푸는 도구, 북이 자동으로 움직이는 기계였지.

"북이 날아다니는 것 같네! 옷감 짜는 속도가 몇 배나 빨라졌어."

뒤이어 실을 뽑는 기계인 **제니 방적기**, **수력 방적기**도 발명되었어. 이러한 기계의 발명 덕분에 사람들은 수고를 조금 덜게 됐고, 제품을 생산하는 속도도 빨라졌지만, 초기 기계는 사람이 작동시켜야만 움직였어.

곧 전문 기술자들이 더 효율적인 기계를 발명해 냈어. 1780년대에는 **제임스 와트**가 만든 **증기 기관**이 기계를 움직이기 시작했지. 물을 끓이면 나는 ★김이 바로 증기야. 수증기라고도 하지. 증기의 힘을 이용하는 증기 기관은 연료만 계속 공급해 주면 쉬지 않고 움직였어.

"증기의 힘으로 기계가 계속 돌아가는군!"

이때부터 공장마다 기계를 들여놓고 물건을 생산하기 시작했지. 그 결과 면직물을 비롯한 제품의 생산량이 획기적으로 늘어났어.

낱말 체크

★ 씨실 가로 방향으로 놓인 실.
★ 김 액체가 열을 받아서 기체로 변한 것.

인클로저 운동

16세기에 모직물 산업이 발달하면서 양모값이 치솟자, 영국의 지주들은 넓은 땅에 울타리를 치고 그 안에 풀을 재배해 양을 길렀어. 이를 '울타리 치기'라는 뜻으로 '인클로저' 운동이라고 해. 그 결과 많은 농민이 농사짓던 땅에서 쫓겨났고, 일자리를 찾아 도시로 몰려들었지.

증기 기관차가 가져온 변화

증기 기관은 기차에도 이용되었어. 조지 스티븐슨이 증기 기관차를 발명했지. 이렇게 기차가 철도를 따라 유럽 곳곳을 누비고 다니자 중요한 문제가 생겼어. 철도망 내에서 기차들의 운행 시각을 통일하지 않으면 언제 충돌할지 몰랐던 거야. 이를 해결하기 위해 영국이 처음으로 표준시와 철도 시간표를 만들었어. 오늘날 세계 각국은 영국 그리니치 천문대를 기준으로 표준시를 사용하고 있지.

조지 스티븐슨이 발명한 증기 기관차

쏙쏙 퀴즈 맞는 것 고르기

1 산업 혁명은 18세기 후반 (영국/미국)에서 시작되었다.

2 제임스 와트는 김을 이용한 (방귀/증기) 기관을 발명했다.

 19세기 미국와 유럽

126 놀라운 발명품이 쏟아져 나오다

#전지 #에디슨 #전구
#전화 #벨 #자동차
#카를 벤츠 #헨리 포드
#마이카시대가열리다

산업 혁명 이후 기계의 편리함을 알게 된 사람들은 이제 생활 속에서도 성능이 좋은 기계, 편리한 물건을 찾기 시작했어. 이러한 열망에 힘입어 19세기에는 산업 혁명 이후 과학과 기술이 급속도로 발전하면서 '**발명의 시대**'가 활짝 열렸지.

가장 큰 변화를 가져온 것은 뭐니 뭐니 해도 **전기 기술**의 발전이었어. 인류는 전기 현상에 대해 알고는 있었지만 전기 에너지를 만들어 저장하고 멀리 보내는 방법은 모르고 있었거든. 1800년 이탈리아의 물리학자 볼타가 세계 최초로 전기를 만들어 저장하는 **전지**를 발명했어. 이후 기술이 빠르게 발전한 끝에 마침내 전기로 어둠을 밝히게 되었지.

"가로등으로 사용되는 전등은 너무 눈부셔. 가정용 전구를 만들어야겠어."

발명왕 **에디슨**은 빛이 부드러운 데다 오래 쓸 수 있는 가정용 **전구**를 발명했어. 덕분에 밤에도 집집마다 불을 환히 켤 수 있었지.

전기는 통신에도 사용되었어. 미국의 모스는 전기선을 통해 메시지를 주고받는 유선 전신을 발명했지. 말소리를 전깃줄 안에서 전기 신호로 바꿔 주는 **전화**도 생겨났어.

처음 전화를 발명한 사람은 이탈리아의 안토니오 무치인데, 이후 미국의 **벨**이 실용적인 전화기를 만들어 전화 발명 ★특허를 받았어. 나중에는 전선 없이 전파를 이용하는 **무선 통신**도 발명되었지.

교통수단도 눈부신 발전을 이루었어. 독일의 **카를 벤츠**가 최초로 의자와 핸들, 휘발유 엔진을 갖춘 자동차를 발명했지. 바퀴가 세 개인 자동차였는데, 그의 아내가 두 아들을 이 차에 태우고 약 100킬로미터를 달렸대. 그 후 바퀴가 네 개 달린 자동차도 나오고 관련 기술도 계속 발전했어. 1890년대에는 자전거 타는 사람들이 많아지면서 유럽과 미국 곳곳의 도로가 개선되었지.

"이제 씽씽 달릴 수 있겠군. 내 차를 갖고 싶어."

사람들이 저마다 차를 갖고 싶어 하던 1896년, 미국의 헨리 포드는 자동차 ★시제품을 만들고 자동차의 대중화를 모색하기 시작했어.

그 밖에 소리를 재생하는 축음기, 대형 스크린에 영화를 비추는 영사기, 손으로 장치를 돌려서 옷을 빠는 수동 세탁기, 암모니아를 사용해 낮은 온도를 유지하는 냉장 장치도 19세기에 발명되었어. 이러한 발명품들 덕분에 사람들의 생활은 점점 편리해졌지.

낱말 체크

★**특허** 발명품에 대해 법적 보호를 받을 수 있는 권리.

★**시제품** 시험 삼아 만든 제품.

연필도 잘 만든 헨리 데이비드 소로

헨리 데이비드 소로는 《월든》을 쓴 유명한 작가인데, 연필 생산에서도 재능을 발휘했어. 그의 가족은 연필 공장을 운영하고 있었어. 그 공장에서 일하며 소로는 연필심의 재료인 흑연에 관해 연구를 거듭했지. 그는 마침내 흑연을 연마하는 기계를 개선해 다양한 강도의 연필심을 만들었어. 뉴욕에서 연필을 팔아 마련한 돈은 첫 책의 출판 비용으로도 쓰였다고 해.

▶ 옛날에는 어떻게 어둠을 밝혔을까?

전기가 사용되기 전에는 주로 촛불로 어둠을 밝혔어. 가난한 사람들은 냄새가 고약하고 불빛도 희미한 양초를 사용했지. 18세기에는 향유고래의 머릿골에서 짜낸 기름으로 양초를 만들었어. 한때는 이 기름을 얻기 위해 향유고래를 워낙 많이 잡아서 멸종 위기에 놓이기도 했지. 허먼 멜빌의 《모비 딕》이 바로 그 시대를 배경으로 한 작품이야.

향유고래 사냥 장면

쏙쏙 퀴즈 맞는 것 고르기

1 에디슨은 가정에서 쓰는 (전화/전구)를 발명했다.

2 독일의 기술자인 (카를 벤츠/모스)는 자동차를 발명하였다.

18세기 유럽

127 애덤 스미스가 자유 방임주의를 주장하다

#애덤 스미스 #국부론
#자유방임주의
#보이지 않는 손
#국부론만큼중요한도덕감정론

산업 혁명이 막 시작될 무렵, 중요한 책이 영국에서 출간되었어. 바로 **애덤 스미스**가 쓴 《**국부론**》이야. '어떻게 하면 부자 나라가 될 수 있을까?'를 주장한 책이지.

스코틀랜드의 대학교수였던 애덤 스미스는 가정 교사가 되어 유럽 여행을 할 기회가 생겼어. 프랑스 등지를 여행하며 농업을 중시하는 학자와 계몽주의자들을 만나 이야기를 나누었지. 이때 ★영감을 얻고 영국에 돌아와 쓴 책이 《국부론》이야.

당시 영국은 상공업을 기반으로 국가를 부유하게 해야 한다는 중상주의 정책을 펴고 있었어. 국가가 나서서 수출을 늘리고 수입을 억제하는 데 힘썼지. 스미스는 이러한 정책이 상공업자들의 이익만 늘려 준다고 비판하면서 **자유방임주의**를 주장했어. 자유방임주의란 국가가 경제 활동에 간섭이나 통제를 삼가는 태도야.

"사람들은 누구나 가장 적은 비용으로 가장 많은 이익을 얻으려고 합니다. 그렇게 각자 노력하도록 내버려 두면 저절로 국가도 부유해집니다."

스미스는 국가의 간섭이나 통제 없이도, 경제가 저절로 돌아간다고 말했어. 사람들이 너도나도 사려고 들면 물건값이 올라가고, 물건이 남아돌면 값이 내려가는 식으로 말이야. 그는 '보이지 않는 손'이 경제를 이끈다고 주장했지.

스미스는 일하는 사람들의 능력을 향상시키는 방법도 제시했어. 바로 일을 나누어서 하는 '분업'이야. 그는 핀을 만드는 공장을 예로 들며, 노동자가 혼자 여러 작업을 할 때보다 여덟 명의 노동자가 작업을 나눠서 할 때 생산량이 몇 배나 늘어난다고 이야기했어.

그런데 스미스가 살고 있던 스코틀랜드는 산업 발전이 더뎌서 기계가 아직 공장에 들어오지 않았어. 그가 예로 든 공장에서는 손으로 작업하는 수공업자들을 모아 놓고 분업을 통해 핀을 만들었지. 이러한 생산 방식을 ★공장제 수공업이라고 해.

이렇게 스미스는 자본주의 초기 단계에 살았기 때문에 실업자 문제를 비롯한 자본주의의 폐단이 나타날 것을 예상하지 못했어. 그러한 한계는 있지만 스미스는 최초로 고전 경제학을 만들고 체계를 세운, '경제학의 아버지'로 존경받고 있어.

낱말 체크

★ **영감** 창의적인 일의 계기가 되는 기발한 생각이나 자극.

★ **공장제 수공업** 기계 공업의 전 단계로 손 기술을 이용해 물건을 만드는 제도.

분업의 폐단

애덤 스미스는 《국부론》 끝부분에서 분업의 폐단을 경고했어. 단순하고 재미없는 일만 반복하면 노동자들이 멍청해질 수 있다며, 정부가 이를 방지하기 위해 노력해야 한다고 주장했지. 실제로 1960년대 말, 포드 자동차 회사는 스미스가 예견한 문제에 부딪혔어. 분업에 지친 노동자들이 출근하지 않는 바람에 공장을 멈추게 된 거야.

▶ 애덤 스미스가 지은 또 다른 책, 《도덕 감정론》

애덤 스미스는 원래 도덕 철학을 가르치는 교수였어. 그는 《국부론》이 큰 호응을 얻고 이 책에 딱 한 번 나오는 '보이지 않는 손'에 사람들이 주목하자 깜짝 놀랐다고 해. 그가 아끼는 저서는 따로 있었어. 바로 《도덕 감정론》이야. 이 책에서 그는 "인간이 건강한 몸을 갖고, 빚 없이 살며, 양심에 걸리는 일이 없으면 뭘 더 바라겠나?"라며 소박한 모습을 보여 주었어.

애덤 스미스(1723~1790)

쏙쏙 퀴즈 맞으면 O, 틀리면 X

1. 애덤 스미스는 국가가 시장에 적극 간섭해야 한다고 주장했다.

2. 애덤 스미스는 경제학 책인 《사고전서》를 저술하였다.

산업 사회의 뒷골목을 그려 낸 작가, 찰스 디킨스

찰스 디킨스
(1812~1870)

구두쇠 스크루지 영감이라고 들어 봤니? 《크리스마스 캐럴》의 주인공, 스크루지는 크리스마스이브에 유령을 만나 잘못을 뉘우치는 할아버지야. 이 소설을 쓴 찰스 디킨스는 산업 사회의 뒷모습을 잘 담아낸 작가로 유명해. 찰스 디킨스는 가난에 허덕이며 살았고, 생활비를 벌기 위해 구두약 공장에서 하루 열 시간씩 일하기도 했대. 그 후 변호사 사무실에서 잔심부름도 하고, 신문사 기자로도 일하면서 사회를 비판적으로 바라보게 되었지. 이러한 경험은 디킨스가 작품을 써 나가는 데 좋은 밑거름이 되었어.

어두운 사회의 이면 《올리버 트위스트》

《올리버 트위스트》의 주인공도 가난하고 힘겨운 삶을 살았어. 런던 ★구빈원에서 고아로 태어난 올리버는 죽 한 그릇으로는 배를 채우지 못해 더 달라고 애원하다가 그만 구빈원에서 쫓겨났지. 그렇게 런던 길거리를 배회하다가 악당 페긴의 소굴로 들어가게 돼. 여기서 도둑질을 하는 등 파란만장한 삶을 살아. 하지만 아무리 힘들어도 착한 마음과 용기를 잃지 않던 올리버는 가족과 과거에 대한 비밀을 알게 되고, 아버지의 재산을 물려받아 마침내 행복한 삶을 살게 돼.

디킨스가 다음 작품을 쓸 무렵에는 공장에서 일하는 아이들의 실태가 의회의 보고서로 폭로되었어. 생산비를 아끼려는 자본가들이 임금이 싼 아이들을 고용해서 부려 먹은 거야. 이 보고서에 큰 충격을 받은 디킨스는 다음 작품의 집필을 서둘렀대.

'부유하고 힘 있는 사람들이 어려운 사람들을 도와줘야 해. 그게 크리스마스 정신이지!'

악당 페긴의 소굴에 들어온 올리버 트위스트 (오른쪽)

★ **구빈원** 가난한 사람들을 모아 도와주는 시설.

 크리스마스를 대표하는 따뜻한 소설, 《크리스마스 캐럴》

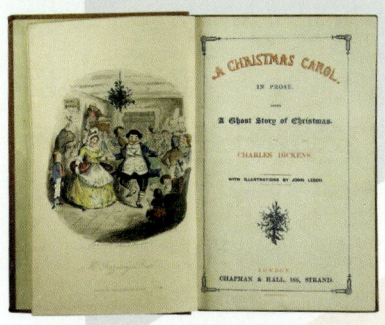

크리스마스 캐럴 초판본(1843)

구두쇠에 심성까지 고약한 스크루지 영감은 어느 크리스마스이브 날 3명의 유령을 만나게 돼. 이 유령들은 스크루지에게 너무 구두쇠처럼 굴지 말라며 삶과 인간관계에 대한 충고를 해 줘. 그렇게 자신의 과거와 현재, 미래에 대해 곱씹으며 스크루지는 반성하지. 개과천선한 스크루지가 크리스마스 날 자선을 베풀며 살아가는 모습은 사람들에게 미래에 대한 희망을 품게 해 주었어.

디킨스의 의도대로, 이 작품을 읽은 사람들은 흥청망청 즐기던 생활을 반성하고, 가난한 이웃을 도와야겠다고 생각했지. 이 작품은 크리스마스 분위기를 잘 담아낸 소설로 지금도 널리 읽히고 있어.

 진정한 신사의 품격을 이야기한 소설, 《위대한 유산》

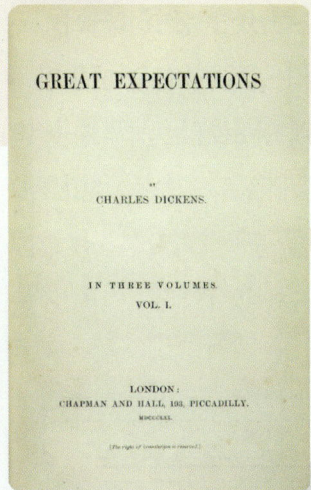

위대한 유산 초판본(1861)

디킨스는 또 신분을 상승시키고 싶어 하는 사람들의 욕망과 사랑, 인간성을 부각한 작품도 썼어. 당시 영국에는 돈은 많아도 신사의 품격과 교양을 갖추지 못한 사람이 허다했거든. 디킨스는 진정한 신사다운 마음과 인간적인 성숙이 중요함을 《위대한 유산》을 통해 보여 주었어.

고아가 된 주인공, 핍은 가난한 삶을 살아가고 있었어. 그러다가 어느 날, 알 수 없는 후원자가 나타나 핍을 도와주겠다고 했지. 그를 따라 도시로 간 핍은 귀족적인 삶을 경험하게 돼. 그러다가 핍은 자신을 후원해 준 사람의 정체를 알고는 돈과 지위보다 더 중요한 것이 무엇인지를 깨닫게 돼.

나이가 들자 디킨스는 독자들 앞에서 책을 낭독하는 것을 즐겼대. 그는 배우처럼 실감 나게 책을 읽어 사람들에게 큰 인기를 끌었지. 몸이 좋지 않을 때도 영국과 미국 곳곳을 돌아다니면서 400번이 넘는 낭독회를 가졌어. 이렇게 친근했던 디킨스가 세상을 떠나자, 독자들은 큰 슬픔에 잠겼지. 하지만 디킨스의 작품은 영원히 남아 형편이 어려운 사람들을 보듬는 사랑을 되새기게 할 거야.

19세기  유럽

128 사회주의 사상이 등장하다

#사회주의 #로버트 오언
#마르크스와 엥겔스
#공산주의 #공산당 선언
#만국의노동자여단결하라!

산업 혁명은 인류에게 물질적인 풍요와 편리한 생활을 가져다주었어. 하지만 그에 따른 새로운 사회 문제들도 나타났지. 무엇보다 노동자들이 인간답게 살지 못하는 것이 가장 큰 문제였어.

"이 기계는 아주 비싼 거야. 망가지지 않도록 조심해."

대부분의 공장 사장들이 기계는 아주 소중히 다룬 반면, 노동자들은 함부로 대했어. 기계는 비싸서 구하기 힘들었지만, 노동자는 다른 사람으로 쉽게 교체할 수 있었거든. 도시에 일하려고 몰려든 사람이 넘쳤기 때문이야.

노동자들은 비좁고 ＊환기도 잘 안 되는 곳에서 하루에 12시간 넘게 일했어. 그렇게 중노동에 시달려서 입에 풀칠할 정도의 돈이라도 받으면 다행이었지. 기계에 끼여 죽는 사고도 빈번했거든. 노동자들이 모여 사는 동네에는 더러운 물을 밖으로 흘려 보내는 시설도 없어

전염병이 퍼지기 딱 좋은 환경이었어.

이러한 문제가 심각해지자, 산업화가 빨랐던 영국과 프랑스의 지식인들이 새로운 사상을 주장하기 시작했어. 이들은 경쟁과 갈등을 부추기는 ★산업 사회를 비판하면서, 서로 협력해서 누구나 잘사는 사회를 건설하자고 주장했지. 이러한 생각을 **사회주의**라고 해.

"부자들이 욕심을 덜 부리면 노동자들이 행복해질 수 있다."

영국의 사업가 **로버트 오언**은 자기 공장에서 노동 환경을 개선하고, 미국으로 건너가 사회주의 공동체도 만들었어. 그러나 이러한 시도는 실패로 끝났지.

그 후 독일의 **마르크스**와 **엥겔스**가 정교한 사회주의 이론을 만들었어. 두 사람은 자본주의 사회가 생산 수단을 가진 자본가와 그렇지 않은 노동자의 두 계급으로 나뉘며, 이들은 싸울 수밖에 없다고 말했어. 최대한 잇속을 챙기려는 자본가들에 맞서 노동자들이 힘을 합쳐 싸워야 한다고 주장했지.

둘의 주장은 생산 수단을 공동으로 소유하고 계급이 없는 사회를 건설하자는 **공산주의** 사상으로 발전했어. 이들은 2월 혁명이 일어난 1848년에 프랑스 파리에서 《공산당 선언》을 출간했지. 그 책의 끝에는 이러한 구호가 실려 있었어.

"모든 나라의 노동자여, 단결하라!"

이 말대로 세계 여러 나라의 노동자들은 단결해 노동 운동을 펼쳐 나갔어. 공산주의 사상은 세계 역사에 큰 영향을 끼쳤지.

낱말 체크

★ **환기** 탁한 공기를 맑은 공기로 바꿈.

★ **산업 사회** 공업이 주된 산업이 된 사회.

공장에서 쫓겨난 성냥팔이 소녀

당시 어린 소녀들도 성냥 공장에 나가 일을 했어. 이들은 성냥의 막대기 끝을 독이 있는 액체에 담갔다 빼는 일을 반복했지. 그러다 병들면 바로 해고되었어. 19세기에 안데르센이 발표한 《성냥팔이 소녀》에는 이러한 어린이 노동자들의 현실이 반영되어 있어.

▶ 러다이트 운동

19세기 초반, 산업 혁명으로 영국에서 방직기와 같은 기계들이 막 등장했을 때였어. 노동자들은 각자 도구를 들고 달려가 공장의 기계들을 내리치고 파괴했지. 새롭게 나타난 기계들이 노동자들의 일자리를 줄인다고 생각한 거야. 러다이트 운동은 전국적으로 퍼졌고, 자본가들은 슬슬 노동자들의 눈치를 보기 시작했어.

기계를 부수는 노동자들

맞으면 O, 틀리면 X

1 영국의 사업가 로버트 오언은 사회주의를 지향했다. ☐

2 《공산당 선언》에는 "모든 나라의 자본가여, 단결하라!"라는 구호가 실려 있다. ☐

129 19세기 유럽 예술에 변화가 나타나다

#낭만주의 #바이런
#사실주의 #찰스 디킨스
#인상주의 #모네
#사람들의생각은왔다갔다

프랑스 혁명을 겪은 후 유럽 사람들은 인간의 이성을 중시한 계몽사상을 비판하게 되었어.
"세상일이 합리적으로만 풀리는 건 아니지."
"맞아. 사람들의 벅찬 감정은 그 자체로 대단하지 않아?"
그러한 가운데 예술가들이 형식에 얽매이지 않고 감정을 마음껏 작품에 풀어놓으면서 **낭만주의**가 유행했어. 영국 시인 **바이런**의 열정 가득한 시가 대표적이지. 그는 유럽 여행을 소재로 한 시를 통해 자신의 여행 경험과 감정을 솔직하게 표현했어. 절망과 상상력이 가득한 시, ★풍자와 유머로 가득한 시도 남겼지.
프랑스 화가 **들라크루아**는 자신의 그림에 오스만 제국군에 학살당하는 그리스 사람들의 모습을 담으면서 학살의 잔인함, 사랑하는 사람을 잃은 슬픔의 감정을 묘사했어. 또한 프랑스에서 일어난 7월 혁

명을 묘사한 그림에서는 혁명을 향한 투지와 같은 감정을 사람들의 표정에 생생히 담아냈지.

낭만주의 음악가로는 **슈베르트**, **쇼팽** 등이 활약하는 가운데, 민족의식을 북돋는 작품도 나왔어. **바그너**가 독일 전설을 줄거리로 만든 ★오페라 〈니벨룽겐의 반지〉가 대표적이야.

그러나 산업 혁명 이후 가난한 사람들이 점점 늘어나면서 예술가들은 차가운 현실로 눈을 돌렸어. 담담하게 있는 그대로 현실을 묘사하는 **사실주의**가 나타난 거야. 소설가 **찰스 디킨스**의 작품처럼 말이야. 러시아의 **도스토옙스키**도 《죄와 벌》 같은 작품을 통해 사람들 내면의 고뇌를 그려 냈지. 화가 중에는 프랑스의 **쿠르베**가 사실주의의 기초를 닦았어.

"나는 천사를 그릴 수 없다. 천사를 본 적이 없기 때문이다."

그는 이렇게 말하며, 〈돌 깨는 인부들〉처럼 노동자들의 일상을 있는 그대로 담아냈지.

그 후 프랑스의 **모네**, **르누아르** 같은 화가들이 사실주의에 반발하며 개성적인 그림을 선보였어.

"사물을 어떻게 보고, 어떻게 그려야 한다는 규칙에서 벗어나자."

이들은 전통적인 규칙에서 벗어나 작가가 그리고 싶은 대상에게서 받은 느낌을 그대로 표현하는 데 몰두했어. 그러면서 대상이 어떻게 보이는지를 결정하는 빛의 중요성을 강조했지. 이러한 예술의 흐름을 **인상주의**라고 해.

낱말 체크

★ **풍자** 현실의 부정적 현상이나 문제점을 빗대어 비웃으면서 씀.

★ **오페라** 음악을 중심으로 무대 위에서 연기, 춤 등을 보여 주는 예술.

밀레의 〈이삭줍기〉

사실주의 화가인 밀레는 들판에서 일하는 농촌 여성들의 탄탄한 몸과 조심스러운 움직임을 사실적으로 그려 냈지. 그러면서 햇살이 내리비치는 들판과 대비해 여성들의 자연스러운 품위를 강조했어.

▶ 쇼팽이 조국 폴란드를 걱정하며 지은 〈혁명〉

쇼팽은 폴란드의 낭만주의 작곡가야. 폴란드는 러시아, 프로이센, 오스트리아가 영토를 셋으로 나눠 가지는 바람에 한동안 역사에서 사라졌지. 그러한 위기 속에 폴란드 사람들이 들고일어났지만, 러시아는 이들을 가차 없이 진압했어. 유럽으로 연주 여행을 떠났던 쇼팽은 그 소식을 듣고 마구 요동치는 감정을 담아 피아노 독주곡 〈혁명〉을 만들었어.

프레데리크 쇼팽(1810~1849)

쏙쏙 퀴즈 맞는 것 고르기

1 감정을 솔직하고 생생히 표현하는 예술 방식을 (낭만/사실)주의라고 한다.

2 (모네/쿠르베)는 대표적인 인상주의 화가 중 한 명이다.

130 유럽의 과학이 눈부시게 발전하다

#찰스 다윈 #진화론
#엑스선 #퀴리 부부
#방사선 #파스퇴르
#생활을완전히바꾼과학혁명

오랫동안 유럽 사람들은 하느님이 세상 모든 생물을 창조했다고 믿었어. 하지만 화석을 통해 오래전 동식물의 모습이 알려지고, 다양한 생물이 연구되면서 그러한 믿음은 점차 깨져 갔지.

"생물은 오랜 시간이 흐르면서 모습과 행동이 바뀌었을 것이다."

몇몇 학자들은 이렇게 생물의 진화를 주장했어. 영국의 **찰스 다윈**은 비글호를 타고 남아메리카로 가서 여러 섬의 특이한 동식물을 관찰한 후 《*종의 기원》을 발표했지.

"목이 긴 기린은 목이 짧은 기린보다 생존에 유리합니다. 높은 곳의 나뭇잎도 따 먹을 수 있어서 튼튼히 자라 많은 후손을 낳지요."

그는 이러한 '자연 선택'의 결과 생물이 환경에 적합한 방향으로 진화한다고 주장했어. 다윈의 **진화론**은 유럽 사회에 큰 영향을 끼쳤지.

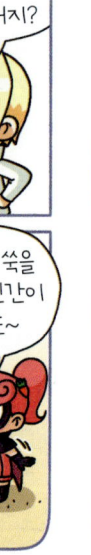

다윈이 활약한 19세기에는 과학이 눈부시게 발전했어. 독일의 물리학자 **뢴트겐**은 종이, 나무, 사람의 살 등을 통과하는 이상한 빛을 발견했지.

"알 수 없는 빛이니 **엑스선**이라고 부르자."

과학자들은 엑스선의 정체를 밝히려는 연구를 계속했어. 그러던 중, 프랑스의 **베크렐**이 우라늄이라는 물질에서 엑스선 같은 빛이 나온다는 사실을 발견했지. 이 소식에 눈을 반짝인 과학자가 있었어. 바로 폴란드의 **마리 퀴리**야.

마리는 베크렐의 발견을 토대로 연구를 진행했어. 그러다가 우라늄 같은 물질이 스스로 빛을 낸다는 사실을 깨달았어. 그녀는 이러한 빛을 '방사선', 그런 성질을 '방사능'이라고 불렀지. 그러고는 남편 피에르와 함께 연구를 계속한 끝에 피치블렌드라는 광석에서 방사성 물질인 라듐과 폴로늄을 발견했어. 폴로늄은 마리의 조국 폴란드의 이름을 따서 붙인 이름이야.

그 후 마리는 피치블렌드에서 라듐을 분리했어. 라듐에서 나오는 방사선은 암세포를 죽이는 데 효과가 있었고, 공업 원료로도 사용되었지.

파스퇴르는 전염병의 원인이 세균임을 밝혀냈어. 이 연구는 ★위생을 개선해 질병을 예방하는 데 기여했어. 우유를 섭씨 60~70도 사이에서 가열해 우유의 품질은 유지하며 해로운 균을 없애는 저온 살균법도 등장했지. 이처럼 19세기에는 오늘날까지도 영향을 끼치고 있는 과학 연구들이 많이 이루어졌어.

낱말 체크

★ **종** 생물 분류의 기초 단위. 짝짓기를 통해 자손을 낳을 수 있는 집단.

★ **위생** 건강에 이롭도록 조건을 갖추거나 대책을 세우는 일.

천재 여성 과학자 마리 퀴리

마리 퀴리가 활동하던 시절만 해도 여성 과학자는 찾아보기 어려웠어. 하지만 마리 퀴리는 차별을 극복하고 여성으로서는 최초로 노벨상을 받았지. 게다가 노벨 물리학상과 노벨 화학상을 연속 수상해서 역사상 최초로 두 번 노벨상을 받은 사람이 되었어. 마리 퀴리는 역사상 유일하게 서로 다른 분야에서 노벨상을 받은 사람이기도 해.

쏙쏙 퀴즈 맞으면 O, 틀리면 X

1. 찰스 다윈은 생물이 환경에 적합한 방향으로 진화한다고 주장했다.

2. 퀴리 부부는 라듐과 폴로늄을 발견했다.

▶ 위생적인 우유병의 탄생 ▼

영국 동화 《플랜더스의 개》에서는 네로라는 소년이 파트라셰라는 개와 함께 우유를 배달해. 파트라셰가 끄는 수레에는 우유 통이 실려 있었는데, 이러한 우유 통에 먼지나 나뭇잎, 벌레 등이 빠져 있기 일쑤였어. 1884년 뉴욕의 약사가 뚜껑이 있는 우유병으로 특허를 받은 후, 우유는 밀봉된 병에 담겨 팔리기 시작했어. 그때부터 사람들은 안전하게 우유를 마실 수 있게 되었지.

역사 탐험 보고서

서구의 민족주의 운동과 산업 혁명

 빈 체제와 자유주의 운동

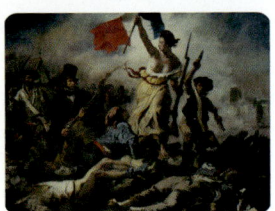 나폴레옹이 몰락한 후 세워진 빈 체제는 유럽을 혁명 이전으로 되돌리려 했어. 하지만 프랑스에서는 7월 혁명이 일어나 샤를 10세가 쫓겨나고 입헌 군주정이 세워졌어. 그 후 2월 혁명으로 다시 공화정이 세워졌고, 프랑스의 모든 남자 어른이 투표권을 가지게 되었지. 이와 비슷한 시기 독일, 오스트리아 등에서도 혁명이 일어나며 빈 체제는 무너지고 말았어.

유럽과 라틴 아메리카에 퍼진 민족주의

 이탈리아는 혁명가 마치니, 사르데냐 왕국의 재상 카보우르, 붉은 셔츠 의용군을 이끈 가리발디의 활약으로 마침내 통일된 왕국을 이루었어. 독일은 프로이센의 철혈 재상 비스마르크가 통일을 이끌었지. 라틴 아메리카에서도 흑인 노예들이 프랑스에 맞서 싸워 아이티를 세웠어. 그 후 볼리바르, 산마르틴 등의 활약으로 독립국이 줄지어 생겨났지.

산업 혁명과 사회주의

 18세기 후반부터 영국 면직물 공업에서 산업 혁명이 시작되었어. 그 후 제임스 와트의 증기 기관이 기계를 움직이면서 산업 혁명이 본격화되었어. 산업 혁명으로 사람들은 풍요롭고 편리한 사회에서 살게 되었어. 하지만 노동 문제 등이 부각되면서 사회주의 사상이 등장했지. 마르크스와 엥겔스는 공산주의라는 정교한 사회주의 이론을 만들어 노동 운동에 큰 영향을 끼쳤어.

19세기 유럽의 예술과 과학

 프랑스 혁명 후 감정을 마음껏 풀어놓는 낭만주의가 유행했어. 그러나 산업 혁명이 본격화되고 산업 사회의 문제들이 나타나면서 사실주의가 나타났지. 그 후 사물의 인상에 주목한 인상파 화가들이 나타났어. 19세기에는 다윈이 진화론을 주장하고 마리 퀴리가 방사성 물질을 발견하는 등 과학도 눈부시게 발전했어.

선로를 고치자!

영국에서 증기 기관차를 타고 여행하기로 했는데 선로에 이상이 생겨 운행이 지연되고 있대. 빈칸에 알맞은 답을 넣어 고장 난 선로를 고쳐 줘. 다 고치면 약속한 간식을 주지!

① 나폴레옹 전쟁의 뒤처리를 위해 열린 회의
② 독일 제국 첫 번째 황제
③ 라틴 아메리카 독립에 힘 쓴 '해방자'
④ 물을 끓여 발생한 증기로 움직이는 기계
⑤ 가정용 전구를 발명한 사람
⑥ 진화론을 주장한 사람
⑦ 현실을 있는 그대로 묘사하는 것
⑧ 라듐을 발견한 과학자

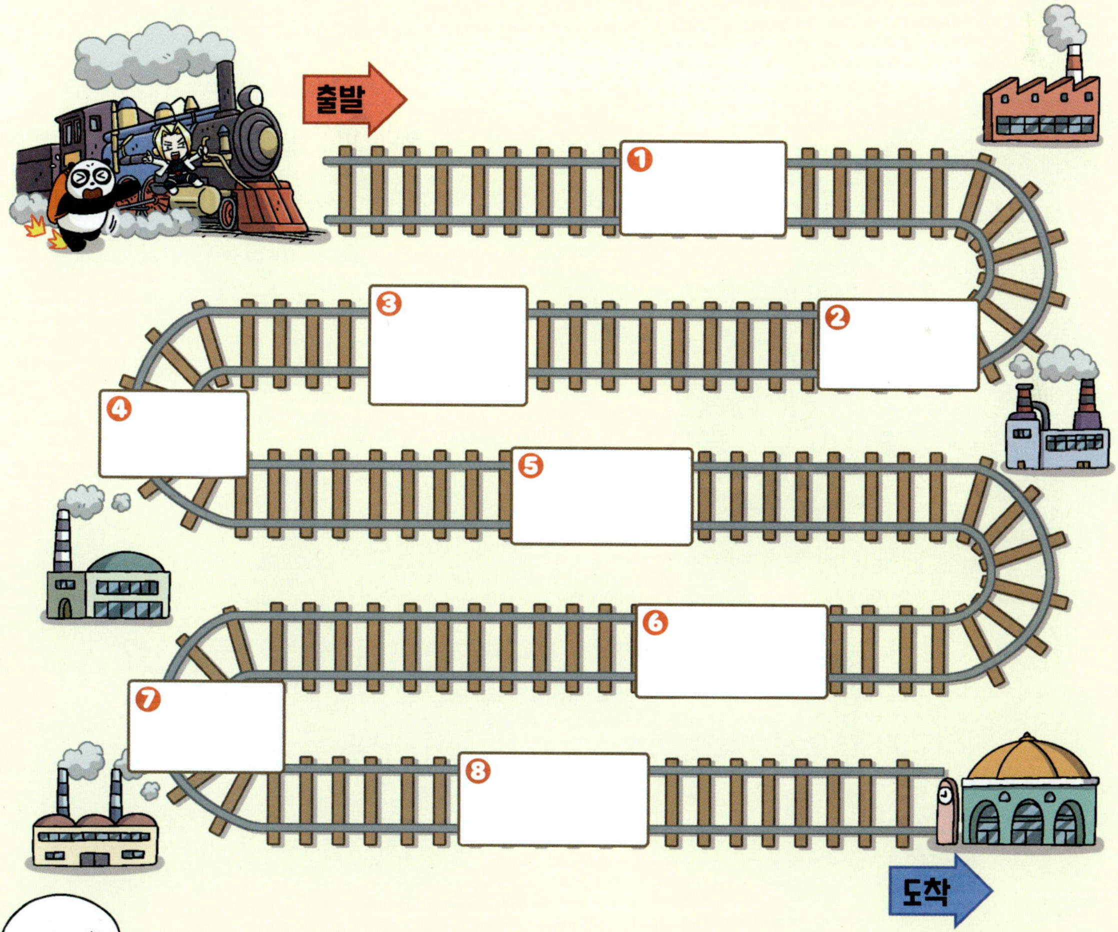

무사히 임무를 마쳤구나. 약속한 간식이다!

정답 177쪽

세계사 퀴즈왕

01 스트로베리가 프랑스 혁명 이후 각 나라의 변화에 대한 보고서를 쓰고 있어. 다음 중 옳지 <u>않은</u> 설명은?

118~122쪽지

> 나폴레옹의 정복 전쟁 과정에서 자유주의와 민족주의가 유럽 곳곳으로 퍼져 나갔다. ①프랑스에서는 7월 혁명과 2월 혁명을 거치며 공화정이 세워졌고, ②이탈리아는 마치니, 카보우르, 가리발디의 활약으로 통일 왕국이 수립되었다. ③독일에서는 프로이센을 중심으로 통일이 이루어졌고, ④러시아에서는 브나로드 운동이 성공하여 시민들이 차르를 쫓아내고 공화정을 수립하였다.

02 볼리바르의 활약으로 독립을 이룬 나라가 <u>아닌</u> 것은?

123쪽지

① 베네수엘라
② 볼리비아
③ 브라질
④ 콜롬비아

03 19세기 중반 영국의 노동자들이 투표권을 요구하며 벌인 운동은?

124쪽지

① 아티스트 운동
② 차티스트 운동
③ 파시스트 운동
④ 어시스트 운동

04 산업 혁명 이후 바뀐 사회의 모습으로 옳지 <u>않은</u> 것은? 　　125~128쪽

① 자본가와 노동자 모두 큰 부를 쌓게 되었다.
② 면직물 등 제품의 생산량이 크게 늘었다.
③ 전구, 전화, 휘발유 자동차 등이 발명되었다.
④ 자본주의를 비판하는 사회주의 사상이 등장하였다.

---

05 예술 작품을 좋아하는 품격 있는 바닐라가 19세기 유럽의 그림을 소개하고 있어. 비워진 곳에 알맞은 말은? 　　129쪽

밀레의 〈이삭줍기〉는 들판에서 일하는 농촌 여성들의 탄탄한 몸과 조심스러운 움직임을 ○○적으로 그려 낸 작품이야. 이렇게 현실을 담담하게 있는 그대로 묘사하는 경향을 ○○주의 라고 해.

① 낭만　② 거짓　③ 사실　④ 인상

---

06 19세기 유럽의 과학자와 그가 남긴 업적을 바르게 연결해 보자. 　　130쪽

① 찰스 다윈　　　　　　　㉠ 엑스선 발견
② 뢴트겐　　　　　　　　㉡ 방사선, 라듐, 폴로늄 발견
③ 퀴리 부부　　　　　　　㉢ 전염병의 원인이 세균임을 발견
④ 파스퇴르　　　　　　　㉣ 《종의 기원》 저술 및 진화론 주장

정답 및 해설

1단원

쏙쏙 퀴즈
71. O, O 72. 문치주의, 왕안석 73. 종이 화폐, 나침반 74. X, X 75. 쿠빌라이, 색목인 76. 역참, 마르코 폴로 77. O, X 78. 정화, 자금성 79. O, X 80. O, X 81. 서민, 경극 82. X, O 83. 다이묘, 조총 84. O, X 85. X, O 86. 니혼바시, 네덜란드

세계사 퀴즈왕
01. ② 02. ② 03. ③ 04. ①-명, ②-청, ③-명, ④-청 05. ①-ⓒ, ②-㉠, ③-㉢, ④-㉣, ⑤-ⓒ 06. ⓒ-㉠-ⓒ-㉣

해설
01. (가) 나라는 거란이야. 거란은 만리장성 남쪽의 연운 16주를 차지했어.

02. ② 자명종은 서양에서 만들어져 중국에는 명나라 때 전해졌어.

03. 몽골 제국에 대한 설명이야. 몽골 제국은 색목인을 우대하고 교통의 편리를 위해 곳곳에 역참을 운영했어.

04. 명나라는 홍건적 출신 주원장이 건국했어. 영락제 때 정화가 해외 원정을 다녀왔지. 청나라는 민족의 이름을 만주족으로 바꾸고 중국을 지배했어. 그리고 한족에게 만주족의 머리 모양과 옷차림을 강요했지.

06. 일본 가마쿠라에서 처음 막부 정치가 시작되었어. 그리고 전국 시대 때 무사들끼리 치열한 전쟁이 벌어졌지. 이때 권력을 잡은 도요토미 히데요시가 조선을 침략해 임진왜란이 일어났어. 명나라도 참전했지. 전쟁 후 에도 막부에서는 산킨코타이 제도가 실시되었어.

2단원

쏙쏙 퀴즈
87. X, X 88. 우르반, 비잔티움 제국 89. 밀레트, 카눈 90. X, O 91. X, X 92. 바부르, 화합 93. X, O 94. 희망봉, 아메리카 95. O, X 96. X, O 97. 가톨릭, 무적함대 98. X, X 99. X, X 100. 턱수염, 표트르 101. X, O 102. O, X 103. 지동설, 갈릴레이 104. X, X

세계사 퀴즈왕
01. ③ 02. ② 03. ①-바부르, ②-아크바르, ③-샤자한, ④-아우랑제브 04. ③ 05. ①-영국-ⓒ, ②-프랑스-㉠, ③-러시아-ⓒ, ④-프로이센-㉣ 06. (왼쪽부터) 코페르니쿠스, 뉴턴, 갈릴레이

해설
01. 사마르칸트는 티무르 왕조의 수도였어. 티무르 왕조는 몽골 제국의 계승을 주장했지. ①과 ②는 오스만 제국, ④는 사파비 왕조에 대한 설명이야.

02. ② 오스만 제국은 빈을 공격했지만 정복하지 못했어.

03. 바부르는 델리 술탄 왕조를 무너뜨리고 무굴 제국을 세웠어. 아크바르는 힌두교도 공주와 결혼해 이슬람교와 힌두교의 화합을 도모했지. 샤자한은 죽은 아내를 위해 '타지마할'이라는 무덤을 만들었어. 아우랑제브는 힌두교를 탄압해 무굴 제국을 이슬람 국가로 되돌리려고 했지.

04. ③ 유럽인들은 아프리카에서 노예를 사 와 아메리카의 농장주들에게 팔았어.

06. 코페르니쿠스는 태양 중심의 지동설을 주장했어. 뉴턴은 천체를 비롯한 모든 물체의 운동을 과학적으로 명쾌하게 설명했지. 갈릴레이는 망원경을 만들고 우주를 관측해 지동설을 입증했어.

3단원

쏙쏙 퀴즈
105. X, O **106.** O, X **107.** 권리 장전, 입헌 군주정 **108.** 북아메리카, 매사추세츠 **109.** X, X **110.** 삼권, 상원 **111.** O, X **112.** 남부, 흑인 **113.** X, O **114.** 부르주아, 삼부회 **115.** 국민 의회, 베르사유 **116.** X, X **117.** 영국, 유배

세계사 퀴즈왕
01. ② 02. ② 03. ②, ①, ④, ③ 04. ④

해설
01. 청교도 혁명 당시 국왕인 찰스 1세가 마음대로 권력을 휘두르자 의회는 왕에게 '권리 청원'을 요구하였고, 찰스 1세는 마지못해 이 문서에 서명했어. 하지만 왕이 약속을 지키지 않고 계속 의회를 무시하자, 청교도들은 혁명을 일으켜 왕을 처형했어.

02. ② 영국이 동인도 회사에 식민지 차 판매 독점권을 주자 식민지 사람들은 인디언으로 변장해 보스턴항에 있던 동인도 회사의 배를 습격했어. 이를 '보스턴 차 사건'이라고 해.

03. 프랑스 혁명 때 루이 16세는 삼부회를 소집했고, 이 자리에서 제3 신분이 국민 의회를 구성했어. 뒤이어 파리 시민의 바스티유 습격 사건이 있었고, 국민 의회는 〈인간과 시민의 권리 선언〉을 발표했지. 얼마 후 국민 공회가 공화정을 선포하고 루이 16세를 처형했어. 국민 공회의 주도권을 잡은 자코뱅의 지도자 로베스피에르는 공포 정치를 펼쳤지.

04. ④ 나폴레옹은 유럽 연합군에 패한 후 엘바섬에 유배되었지만, 섬을 탈출해 다시 황제가 되었어. 하지만 워털루 전투에서 패배한 후 다시 세인트헬레나섬에 유배되어 그곳에서 생을 마쳤지.

4단원

쏙쏙 퀴즈
118. X, O **119.** X, X **120.** 카르보나리, 가리발디 **121.** 철혈, 프로이센 **122.** X, X **123.** 아이티, 에스파냐 **124.** X, O **125.** 영국, 증기 **126.** 전구, 카를 벤츠 **127.** X, X **128.** O, X **129.** 낭만, 모네 **130.** O, O

세계사 퀴즈왕
01. ④ 02. ③ 03. ② 04. ① 05. ③
06. ①-ㄹ, ②-ㄱ, ③-ㄴ, ④-ㄷ

해설
01. ④ 러시아에서는 '차르'라고 불리는 황제들이 권력을 잡고 시민의 개혁 요구를 억눌렀어. 지식인들은 농민들을 계몽하기 위해 브나로드 운동을 일으켰지.

02. ③ 라틴 아메리카에서는 볼리바르와 산마르틴의 활약으로 콜롬비아, 볼리비아, 베네수엘라, 파나마 등의 나라가 유럽 국가들로부터 독립을 이루었어. 브라질은 포르투갈의 왕자가 독립을 선언하면서 포르투갈의 지배에서 벗어났어.

03. 영국의 노동자들은 차티스트 운동을 통해 의회에 보통 선거, 비밀 투표 등의 여섯 가지 사항을 요구했어.

04. ① 산업 혁명은 인류에게 물질적 풍요를 가져다주었지만, 한편으로는 자본가와 노동자 간의 빈부 격차를 심화시켰어.

05. 프랑스 혁명 후 유럽은 계몽주의를 비판하면서 감정을 마음껏 풀어놓는 낭만주의가 유행했어. 그러나 혁명이 실패하고 산업 사회의 문제들이 나타나면서 사실주의가 나타났지. 그 후 사물의 인상에 주목한 인상주의 화가들이 등장했어.

1단원

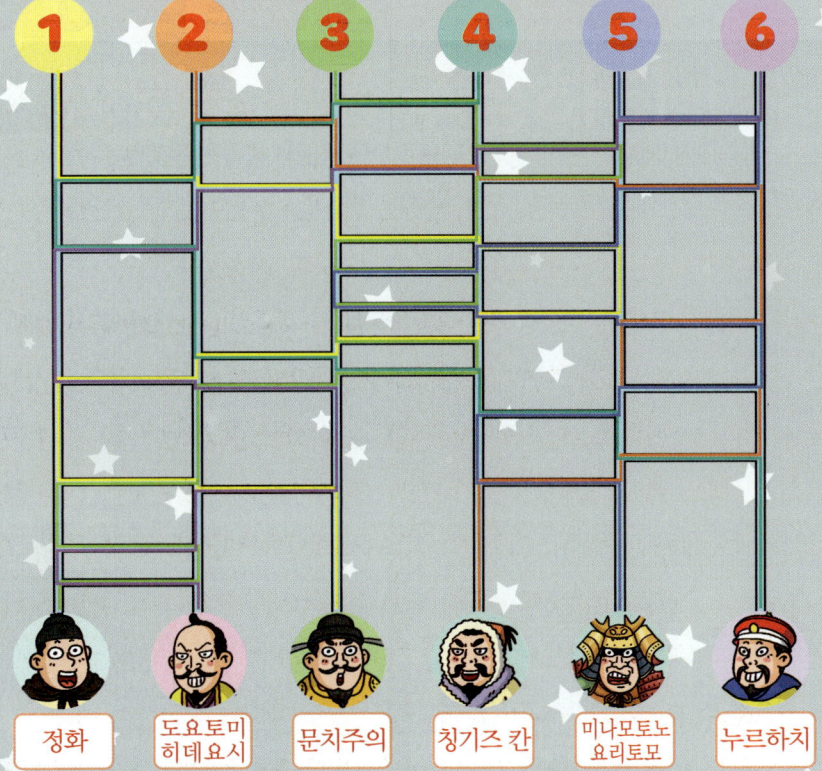

정화 | 도요토미 히데요시 | 문치주의 | 칭기즈 칸 | 미나모토노 요리토모 | 누르하치

2단원

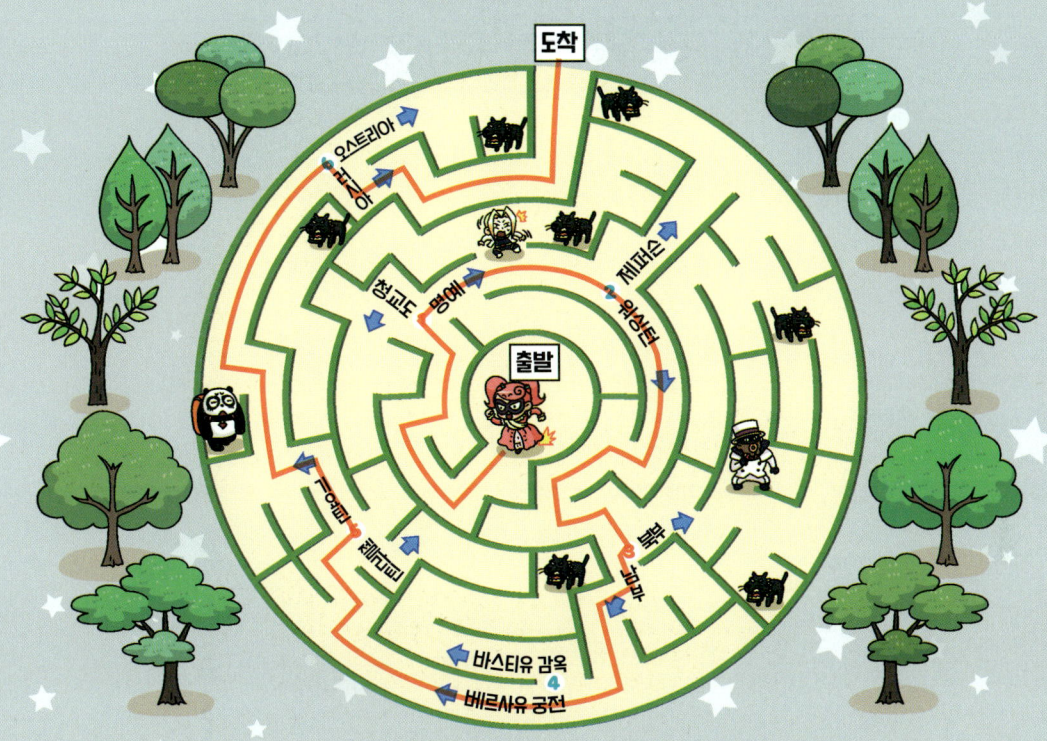

찾아보기

2월 혁명 143, 145, 147~148, 165
3월 혁명 148
7년 전쟁 89, 91
7월 혁명 142~143, 145
가리발디 147
가마쿠라 막부 37~38, 40~41
가미카제 37
가부키 46~47
가즈니 왕조 64~65
갈릴레이 95
강희제 32~33
거란 14
건륭제 33
경극 35
계몽사상 87~88, 91, 96~97, 125, 153
〈곤여만국전도〉 35
골드러시 117, 123
《공산당 선언》 165
공산주의 165
공포 정치 131
과학 혁명 95~96
구르 왕조 65
국민 공회 130
국민 의회 126~127
《국부론》 160~161
권리 장전 109
권리 청원 106~107
금나라 15, 17, 20~22, 30~31
나폴레옹 132~133, 140~141, 143, 146, 149~150, 155
남북 전쟁 121~122
남송 17, 22~23
낭만주의 144, 166~167
누르하치 30~31
눈물의 길 117
뉴턴 95

니콜라이 1세 150~151
다이묘 40~41, 44~46
대륙 봉쇄령 133
대륙 횡단 철도 117, 123
데지마 47
델리 술탄 왕조 65~66
도요토미 히데요시 42~45
도쿠가와 이에야스 44
《동방견문록》 25
레판토 해전 81
로베스피에르 131~132
로코코 문화 93
루소 97
루이 14세 85, 92, 124
루이 16세 125~131, 142
루이 필리프 142~143
링컨 120~121
마르코 폴로 24~25
마르크스 165
마리 퀴리 169
마리아 테레지아 89~91, 93
마젤란 71, 73, 83
마치니 147, 155
마테오 리치 35
막시밀리안 1세 78~79
만주족 31~32
메이플라워호 111
메테르니히 140~141, 143
메흐메트 2세 56~58, 61
명나라 26~31, 33~35, 42~43, 55
명예혁명 109, 154
몽골 제국 20~25, 37, 55
몽테스키외 97
무굴 제국 66~69
무로마치 막부 40, 44
무적함대 81~83

문치주의 16~17
미국 혁명 115, 125
민족주의 141, 147~150
밀레트 59
바로크 문화 92
바르톨로메우 디아스 71
바부르 66~67
바스쿠 다 가마 71~72
바스티유 126
베르사유 궁전 63, 85, 92~93, 127, 149
보스턴 차 사건 113
볼리바르 153
볼테르 88, 96
부르주아 124~125, 143
북독일 연방 149
브나로드 운동 151
비스마르크 149
빌헬름 1세 88, 149
《사고전서》 33
사르데냐 왕국 147
사파비 왕조 55
사회 계약설 97
사회주의 165
산마르틴 153
산업 혁명 156, 158, 160, 164~165, 167
산킨코타이 제도 45~46
삼각 무역 77
삼부회 125
상수시 궁전 89, 92
상트페테르부르크 87
색목인 23
샤자한 68~69
서하 15, 17, 21~22
셀림 1세 58~59
셀주크 튀르크 54~56

송나라 15~19, 23
쇼군 36~37, 40, 44~46
술레이만 1세 58~59
술탄 54, 59~60, 63, 65~66
아메리카 합중국(미국) 115
아스테카 제국 74~75, 153
아우랑제브 69
아이바크 65
아이티 113, 152~153
아크바르 황제 67, 69
알렉산드르 2세 151
애덤 스미스 160~161
에도 막부 39, 44~47
에디슨 159
엔히크 왕자 72
엘리자베스 1세 82~83, 104
엥겔스 165
여진족 15, 30~31
역참 24~25
연운 16주 15
영락제 28
예니체리 59
예카테리나 2세 87
오다 노부나가 41~42
오스만 제국 56~63, 80~81, 93, 97, 141, 150~151, 166
오스트리아 왕위 계승 전쟁 89~90
올리버 크롬웰 107~108
옹정제 33
왕권신수설 84, 97
왕안석 17
요나라 14~15, 17
우키요에 47
워털루 전투 133, 155
원나라 22~23, 25~27
이갑제 27

이달고 신부 153
이스탄불 60, 62~63
이탈리아 왕국 147
〈인간과 시민의 권리 선언〉 127
인클로저 운동 156~157
임진왜란 30, 43
입법 의회 127
잉카 제국 75
자유방임주의 160
자유주의 141, 150~151
자코뱅파 131
전국 시대 41, 43
절대 왕정 84~85, 92~93, 97, 107, 126
정화 28~29
제임스 1세 104~106, 111
제임스 2세 109
제임스 와트 157
제임스타운 110~111, 118
조광윤 16, 23
조지 워싱턴 113~115
존 로크 97
《종의 기원》 168
주원장 26
중상주의 84~85
증기 기관 157
지동설 94~95
지롱드파 131
차르 150~151
차티스트 운동 155
찰스 1세 106~108
찰스 2세 109
찰스 다윈 168
찰스 디킨스 162, 167
천동설 94~95
천호제 20~21
청교도 혁명 107~108

청나라 31~35, 43
청년 이탈리아당 147
칭기즈 칸 20~22, 55, 67
카눈 59
카보우르 147
코르테스 74~75
코페르니쿠스 94~95
콜럼버스 71, 73~74
쿠빌라이 22~23, 25, 37
크리오요 152~153
크림 전쟁 151
타지마할 69
테무친 20~21
토머스 제퍼슨 116
튀르크인 54, 56, 64
티무르 55, 66~67
팔기군 31
펠리페 2세 73, 79~83
표트르 대제 86~87
프랑스 혁명 125~126, 129~131, 133, 140~143, 146, 152, 154, 166
프랜시스 드레이크 82
프로이센 88~89, 91, 128, 133, 141, 148~149
프리드리히 2세 88~89, 92
피사로 75
피털루의 학살 155
필그림 파더스 111
합스부르크가 78~79, 81
홍건적 26
홍무제 26~27
홍타이지 31
활판 인쇄술 19
후금 31

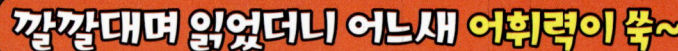

깔깔대며 읽었더니 어느새 어휘력이 쑥~

정신이 가족의 대화를 통해 쉽고 재미있게 익히는 **초등 국어 어휘** 학습 만화!

놓지 마 어휘
한자어 편

신태훈 · 나승훈 | 감수 정상은 | 각 권 184쪽 | 13,800원

✧ 교과서에 나오는 **필수 어휘 1,000 단어** 수록! ✧
✧ **국어 전문가**의 꼼꼼한 내용 감수! ✧
✧ **재미있는 퀴즈와 예문**을 통해 새로 배운 어휘 바로 확인! ✧

한자어의 원리를
깨우쳐 주는
워크북(80쪽)도 드려요!

어휘 걱정 끝~!

* 〈놓지 마 어휘〉는 계속 출간됩니다!

 《놓지 마 어휘》 본문 미리 보기

 묘하게 **호감**이 가! 好 좋을 호

호감好感 좋게 생각하는 감정.
호기심好奇心 새롭고 신기한 것을 좋아하거나 모르는 것을 알고 싶어 하는 마음.
호평好評 좋게 평가하는 것. 또는 그런 평가.

어린이에게 재미와 지식을 듬뿍~

오은영의 마음 수호대
❶ 악령에 맞서는 비밀 조직 라이츠
❷ 따돌림당하는 준이를 구하라!

대한민국 최고의 육아 멘토 오은영과
함께하는 어린이 고민 해결 대모험!

★ 어린이들이 자주 겪는 고민을 마음 샘과 함께 풀어 가요.
★ 우리 안에 있는 여러 마음을 무슨 마음인지 찬찬히 살펴봐요.
★ 마음을 알아차리고 성장시키는 법을 배워요.
★ 곤란한 상황에서 어떻게 말하면 좋을지 조언을 얻어요.

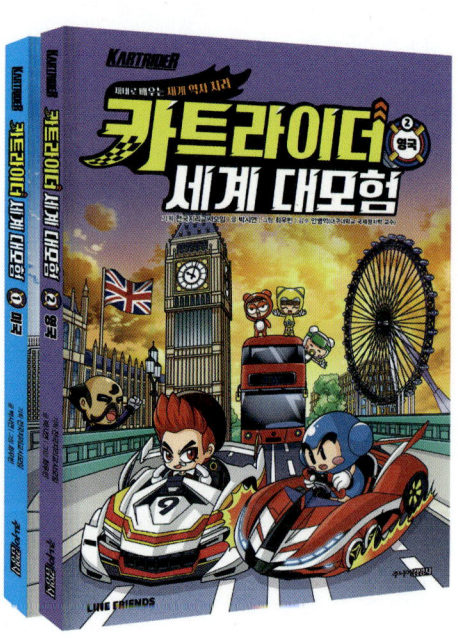

카트라이더 세계 대모험
❶ 미국 ❷ 영국

전국지리교사모임과 함께 제대로 배우는
세계 역사·지리·문화!

★ 역사·지리 교과서의 중요한 내용을 모두 담았어요.
★ 각 나라의 유명 관광지와 명소를 체험할 수 있어요.
★ 풍부한 사진 자료로 현지 모습을 생생히 느낄 수 있어요.
★ 흥미진진한 이야기로 재미있게 공부할 수 있어요.

주니어김영사 학습만화 시리즈

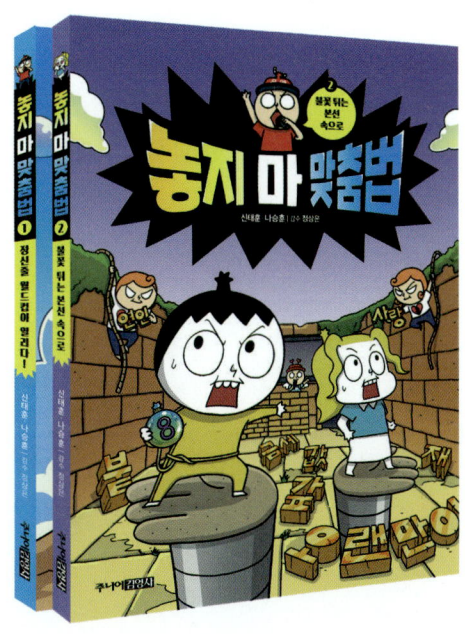

놓지 마 맞춤법
❶ 정신줄 월드컵이 열리다!
❷ 불꽃 튀는 본선 속으로

맞춤법을 정복하는 자, **세계를 지배**한다!

★ 초등 교과서에 나오는 중요 맞춤법 어휘를 모두 수록했어요.
★ 흥미진진한 스토리를 통해 재밌게 맞춤법을 익힐 수 있어요.
★ 국어 전문가가 감수하여 더욱 믿을 수 있어요.
★ 원리와 사례를 익히며 맞춤법을 체계적으로 배울 수 있어요.

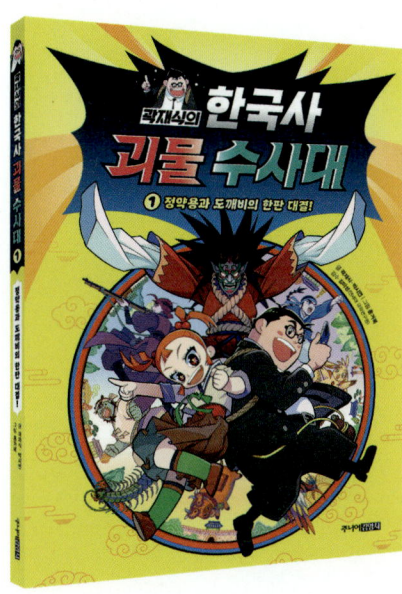

곽재식의 한국사 괴물 수사대
❶ 정약용과 도깨비의 한판 대결!

한국 고전 속 괴물을 쫓으며
생생히 배우는 조선 시대의 사회·문화

★ 한국사 교과서의 중요한 사회사·문화사 내용을 듬뿍 담았어요.
★ 《조선왕조실록》,《삼국유사》등 고전의 지혜를 얻을 수 있어요.
★ 고전을 기반으로 만든 탄탄한 스토리로 누구에게나 재미있어요.
★ 시대를 충실히 구현한 작화로 책 읽는 즐거움을 극대화했어요.

사진 출처: 셔터스톡, Wikimedia Commons, 국립중앙박물관

1판 1쇄 인쇄 | 2023. 12. 26.
1판 1쇄 발행 | 2024. 1. 17.

글 정헌경 | 그림 뭉선생 윤효식 | 감수 전국역사교사모임 세계사 분과

발행처 김영사 | **발행인** 고세규
편집 이민경 김선빈 | **표지디자인** 홍윤정 | **본문디자인** 톡톡 | **마케팅** 곽희은 | **홍보** 조은우
등록번호 제 406-2003-036호 | **등록일자** 1979. 5. 17.
주소 경기도 파주시 문발로 197(우10881)
전화 마케팅부 031-955-3100 | 편집부 031-955-3227 | 팩스 031-955-3111

ⓒ 2023 정헌경
이 책의 저작권은 저자에게 있습니다.
저자와 출판사의 허락 없이 내용의 일부를 인용하거나 발췌하는 것을 금합니다.

값은 표지에 있습니다.
ISBN 978-89-349-4664-9 77900
ISBN 978-89-349-3821-7 (세트)

좋은 독자가 좋은 책을 만듭니다. 김영사는 독자 여러분의 의견에 항상 귀 기울이고 있습니다.
전자우편 book@gimmyoung.com | 홈페이지 www.gimmyoungjr.com

어린이제품 안전특별법에 의한 표시사항

제품명 도서 제조년월일 2024년 1월 17일 제조사명 김영사 주소 10881 경기도 파주시 문발로 197
전화번호 031-955-3227 제조국명 대한민국 ⚠주의 책 모서리에 찍히거나 책장에 베이지 않게 조심하세요.